中华人民共和国交通运输部

收费公路联网收费多义性路径识别技术要求

交通运输部 2015 年第 40 号公告

主编单位:交通运输部公路科学研究院
　　　　　交通运输部路网监测与应急处置中心
批准部门:中华人民共和国交通运输部
实施日期:2015 年 08 月 31 日

人民交通出版社股份有限公司

图书在版编目(CIP)数据

收费公路联网收费多义性路径识别技术要求/交通运输部公路科学研究院,交通运输部路网监测与应急处置中心主编. — 北京:人民交通出版社股份有限公司,2015.9

ISBN 978-7-114-12484-6

Ⅰ. ①收… Ⅱ. ①交… ②交… Ⅲ. ①收费道路—公路费用—征收—技术要求—研究 Ⅳ. ①U412.36

中国版本图书馆 CIP 数据核字(2015)第 210964 号

Shoufei Gonglu Lianwang Shoufei Duoyixing Lujing Shibie Jishu Yaoqiu

标准名称:收费公路联网收费多义性路径识别技术要求

主编单位:交通运输部公路科学研究院
交通运输部路网监测与应急处置中心

责任编辑:李　农

出版发行:人民交通出版社股份有限公司

地　　址:(100011)北京市朝阳区安定门外外馆斜街 3 号

网　　址:http://www.ccpress.com.cn

销售电话:(010)59757973

总 经 销:人民交通出版社股份有限公司发行部

经　　销:各地新华书店

印　　刷:北京市密东印刷有限公司

开　　本:880 × 1230　1/16

印　　张:6.5

字　　数:145 千

版　　次:2015 年 9 月　第 1 版

印　　次:2015 年 9 月　第 1 次印刷

书　　号:ISBN 978-7-114-12484-6

定　　价:40.00 元

中华人民共和国交通运输部公告

第40号

交通运输部关于发布《收费公路联网收费多义性路径识别技术要求》的公告

为规范收费公路多义性路径识别相关设施的建设和运营，充分体现公开、公平、公正原则，根据《公路法》、《收费公路管理条例》等法律法规及有关技术标准，交通运输部组织制订了《收费公路联网收费多义性路径识别技术要求》，现予公布，自公布之日起施行。

该技术要求的管理权和解释权归交通运输部，日常解释和管理工作由主编单位交通运输部公路科学研究院负责。请各有关单位在实践中注意总结经验，及时将发现的问题和修改意见函告交通运输部公路科学研究院（地址：北京市海淀区西土城路8号，邮政编码100088），以便修订时参考。

中华人民共和国交通运输部

2015年8月31日

交通运输部办公厅　　2015年9月16日印发

目　次

1　总则

为规范和指导全国收费公路联网收费多义性路径识别相关设施建设和运营，制定本技术要求。

本技术要求适用于在封闭式收费公路环境下实施多义性路径识别及收费的相关设施建设和运营。

2 规范性引用文件

下列文件中的条款通过本技术要求的引用而成为本技术要求的条款。凡是注日期的引用文件,其随后所有的修改单(不包括勘误的内容)或修订版均不适用于本技术要求。凡是不注日期的引用文件,其最新版本适用于本技术要求。

GB/T 2260—2007 中华人民共和国行政区划代码

GB/T 20851.1～5 电子收费 专用短程通信

GB/T 28423 电子收费 路侧单元与车道控制器接口

JTG B10-01 公路电子不停车收费联网运营和服务规范

交通运输部2011年第13号公告 收费公路联网电子不停车收费技术要求

交通部2007年第35号公告 收费公路联网收费技术要求

ISO/IEC 7816 识别卡——带触点的集成电路卡

ISO/IEC 14443 识别卡——非接触卡规范

3 术语和定义

下列术语和定义适用于本技术要求。

3.0.1 多义性路径

又称二义性路径，是指在收费公路路网内两个收费站之间存在两条或两条以上行驶路径。

3.0.2 基本环路

在收费公路路网内任意相邻两个收费站之间存在的任意一条行驶路径。

3.0.3 5.8GHz 自由流标识点

简称标识点，指采用 5.8GHz 专用短程通信技术，设置在封闭式收费公路指定位置，用于对自由行驶车辆进行路径标识的专用系统及配套设施。

3.0.4 标识路侧单元（标识 RSU）

设置在标识点，主要支持采用 5.8GHz 专用短程通信技术与复合通行卡和车载单元进行信息交换的单元。

3.0.5 复合通行卡（CPC 卡）

集 5.8GHz 和 13.56MHz 通信功能于一体，支持入口信息和路径信息读写功能，在封闭式收费公路收费站入口车道发放给车辆、出口车道收回的可重复使用的通行介质。

3.0.6 车载单元

又称电子标签，安装在车辆内部（风挡玻璃或仪表台上）并且支持利用专用短程通信与路侧单元进行信息交换的设备。

3.0.7 非现金支付卡

又称用户卡或 CPU 用户卡，向社会公开发行的具有收费公路通行费支付功能的智能卡。

3.0.8 自由流

车辆可以变道、跨道、超车、跟驰等任意方式和任意车速通行,道路设施不对其通行形成干扰的一种车辆通行方式。

3.0.9 双向认证

卡片与路侧终端之间完成相互之间身份认证的过程,包含外部认证和内部认证。

3.0.10 外部认证

卡片产生随机数,路侧终端利用自身存储的相关密钥对随机数进行运算,并将运算结果交由卡片验证路侧终端身份的过程,即卡片认证路侧终端合法性的过程。

3.0.11 内部认证

路侧终端产生随机数,卡片利用自身存储的相关密钥对随机数进行运算,并将运算结果交由路侧终端验证卡片身份的过程,即路侧终端设备认证卡片合法性的过程。

3.0.12 广播标识

标识 RSU 将路径信息随 BST 广播数据帧下发,OBU 或复合通行卡收到数据帧后从中提取路径信息并写入保存的过程。

3.0.13 链路标识

标识 RSU 与 OBU 或复合通行卡建立链路后,标识 RSU 通过 TransferChannel 或 SetSecure 服务原语携带路径信息发送给 OBU 或复合通行卡,OBU 或复合通行卡收到数据帧后从中提取路径信息并写入保存的过程。

4 缩略语

ETC——电子不停车收费 Electronic Toll Collection
MTC——人工半自动收费 Manual Toll Collection
DSRC——专用短程通信 Dedicated Short Range Communication
RSU——路侧单元 Roadside Unit
CPC——复合通行卡 Compound Pass Card
OBU——车载单元 Onboard Unit
BST——信标服务表 Beacon Service Table
VST——车辆服务表 Vehicle Service Table
PSAM——消费安全访问模块 Purchase Secure Access Module
OBE-SAM——车载设备安全访问模块 Onboard Equipment-Security Access Module
MAC——信息鉴别码 Message Authentication Code
MTBF——平均无故障时间 Mean Time Between Failure

5 基本规定

在封闭式收费公路环境下,应通过在路网内所有的基本环路上设置标识点系统,基于5.8GHz DSRC技术实现ETC车辆和MTC车辆(包括仅持有非现金支付卡的ETC车辆和现金支付车辆)的多义性路径识别。装有OBU的ETC车辆使用现有的ETC车载设备(OBU和非现金支付卡)实现路径识别,MTC车辆通过在入口车道领取CPC卡实现路径识别。CPC卡作为MTC车辆的通行券以及路径信息的存储载体使用。

标识点系统和收费车道系统与ETC车载设备、CPC卡之间的通信应满足以下要求:

1 收费车道系统与CPC卡间的通信应具备双向认证功能,即CPC卡应验证收费车道终端设备的合法性,收费车道终端设备也应验证CPC卡的合法性。双向认证通过后,收费车道系统才能对CPC卡进行写操作。

2 标识点系统与CPC卡间的通信可采用无认证机制的广播标识或带有外部认证功能的链路标识,各省(区、市)根据需要采用上述两种标识方式之一。

3 CPC卡相关加解密运算采用SM4国产对称密码算法。

4 收费车道系统、标识点系统与ETC车载设备间的通信安全机制与现有电子不停车收费应用保持一致。

6　系统功能架构

6.1　系统总体框架

多义性路径识别系统是收费公路联网收费系统的一个子系统，主要由省（区、市）联网收费结算管理中心系统（以下简称省中心系统）、路段收费中心系统、收费站系统、标识点系统、收费车道系统、ETC车载设备（包括OBU和非现金支付卡）、CPC卡等构成，如图6-1所示。

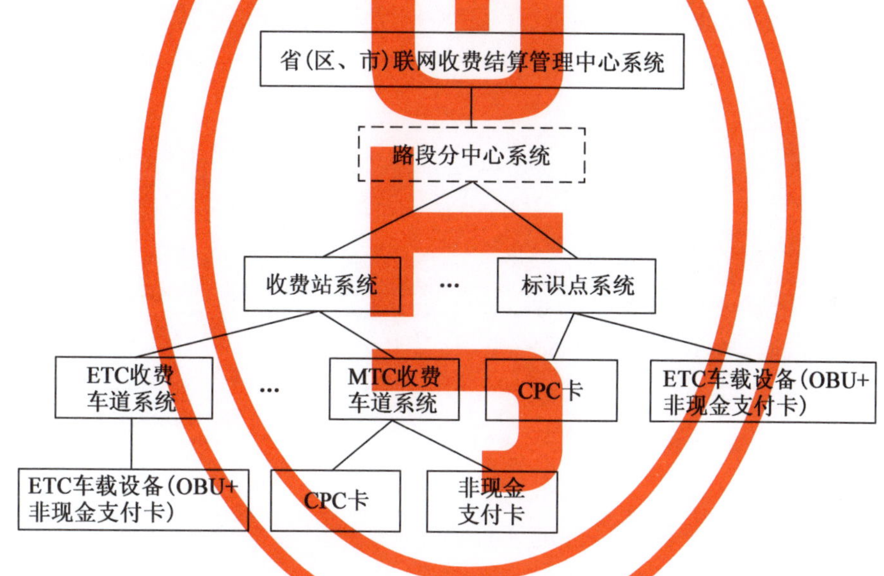

图6-1　多义性路径识别系统构成示意图

装有OBU的ETC车辆从ETC车道正常通行进入路网，MTC车辆从MTC车道通行领取CPC卡进入路网；ETC车辆和MTC车辆在通过路网内布设的标识点时，标识RSU利用5.8GHz DSRC技术将路径信息写入ETC车载设备（包含OBU和非现金支付卡）或CPC卡内；在收费站出口，ETC车辆可从ETC车道不停车自动缴费驶离，也可从MTC车道刷卡缴费驶离，MTC车辆则通行MTC车道交回CPC卡，仅持有非现金支付卡的ETC车辆可刷卡支付驶离，现金支付车辆则支付现金驶离。

标识点系统应与收费系统时钟保持同步。省中心系统向标识点系统逐级下发路径标识编码等系统参数，并向收费车道系统逐级下发路径基础费率等运营参数；标识点系统向省中心系统实时逐级上传标识流水记录和设备状态信息。

多义性路径识别系统数据流如图6-2所示。

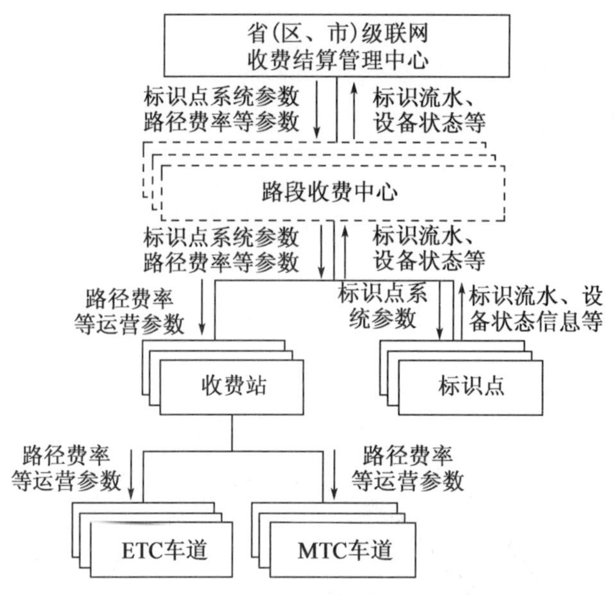

图6-2　多义性路径识别系统数据流

注:部分省(区、市)无路段收费中心一级,省中心系统直接与收费站和标识点系统进行数据交互。

6.2　系统功能要求

6.2.1　省中心系统

省中心系统与多义性路径识别相关的功能包括:

1　对全路网自由流标识点相关设备进行统一的远程监控和管理;

2　CPC 卡的制作、发放、统一调配和使用管理;

3　管理及下发自由流标识点相关系统参数;

4　接收自由流标识流水记录的上传;

5　提供自由流标识点系统时钟同步服务;

6　查询及统计自由流标识点相关通行及业务数据情况,并生成相关报表。

6.2.2　路段收费中心系统

路段收费中心系统与多义性路径识别相关的功能包括:

1　对本路段内自由流标识点相关设备进行统一的远程监控和管理;

2　路段内 CPC 卡的调配、库存、流转管理;

3　接收自由流标识点系统上传的标识流水,并将其实时上传至省中心系统;

4　接收省中心系统下发的自由流标识点相关系统参数,并及时下发至自由流标识点系统;

5　配合实现自由流标识点与省中心系统的时钟同步;

6　查询及统计分析自由流标识点相关通行及业务数据情况,并生成相关报表。

注:上述功能不适用于标识点系统未经路段收费中心直接连接到省中心系统的情形。

6.2.3 收费站系统

收费站系统与多义性路径识别相关的功能包括：

1 站内 CPC 卡的库存、流转管理；

2 异常 CPC 卡的处理和回收。

6.2.4 标识点系统

标识点系统应在车辆自由流行驶状态下完成路径标识处理。系统主要功能包括：

1 采用 5.8GHz DSRC 技术将路径信息写入 ETC 车载设备（OBU 和非现金支付卡）或 CPC 卡内；

2 形成标识流水记录，并实时逐级上传到省中心系统；

3 具备自检、在线程序和应用更新功能，并将自由流标识点系统及设备状态信息定期或实时逐级发送至省中心系统；

4 接收并更新省中心系统逐级下发的 ETC 自由流标识点相关系统参数；

5 与省中心系统时钟同步；

6 能够以独立作业的方式工作，在通信网络出现异常时可脱机离线操作，此时所有作业数据及记录均可存储在本地，并且待网络恢复后自动将本地滞留数据逐级上传至省中心系统。

6.2.5 车道系统

6.2.5.1 ETC 入口车道

ETC 入口车道系统与多义性路径识别相关的功能为自动清除 OBU 和非现金支付卡内路径信息。

6.2.5.2 MTC 入口车道

MTC 入口车道系统与多义性路径识别相关的功能包括：

1 使用 IC 卡读写器检查 CPC 卡电量，并具备低电报警功能；

2 使用 IC 卡读写器清除 CPC 卡内路径信息，并将入口信息写入 CPC 卡；

3 使用 IC 卡读写器清除非现金支付卡内路径信息，并将入口信息写入非现金支付卡；

4 使用 IC 卡读写器开启 CPC 卡的 5.8GHz 功能模块。

6.2.5.3 ETC 出口车道

ETC 出口车道系统与多义性路径识别相关的功能包括：

1 读取非现金支付卡内的入口信息、OBU 与非现金支付卡内的路径信息，自动辨识 ETC 车辆在本地封闭式收费公路路网中实际行驶路径，完成通行费的计算，并从非现金支付卡内自动扣款；

2 对于路径信息不完整的 ETC 车辆，按照本地既有运营规则处理；

3 扣款成功后，自动清除 OBU 和非现金支付卡内路径信息。

6.2.5.4 MTC 出口车道

MTC 出口车道系统与多义性路径识别相关的功能包括：

1 对于装有 OBU 的 ETC 车辆，使用 IC 卡读写器读取非现金支付卡内的入口信息和路径信息，辨识 ETC 车辆在路网中的行驶路径，完成通行费计算，并从非现金支付卡内自动扣款，清除非现金支付卡内路径信息；

2 当非现金支付卡内路径信息不完整时，对于装有 OBU 且 OBU 具备同步机制的 ETC 车辆，可由车辆驾驶人员将非现金支付卡插拔 OBU 一次，将 OBU 内存储的路径信息同步至非现金支付卡，以完成通行费的计算，并从非现金支付卡内自动扣款；对于 OBU 不具备同步机制的 ETC 车辆，按照本地针对路径信息不完整的既定运营规则办理；

3 对于 MTC 车辆，使用 IC 卡读写器验证 CPC 卡的合法性，并读取 CPC 卡内的入口信息和路径信息，辨识车辆在路网中实际行驶路径，完成通行费的计算，并收取通行费（仅持有非现金支付卡的 ETC 车辆可刷卡支付），更新 CPC 卡入出口信息文件，同时清除 CPC 卡内路径信息；

4 使用 IC 卡读写器关闭 CPC 卡的 5.8GHz 功能模块。

6.2.5.5 省（区、市）界共建站 ETC 车道

对于本省（区、市）未实施而邻省（区、市）实施收费公路联网收费多义性路径识别的省（区、市）界共建站 ETC 车道系统，除应具备代写邻省（区、市）入口信息功能外，还应具备自动清除 OBU 和非现金支付卡内路径信息的功能。

7 标识点系统技术要求

7.1 系统构成

5.8GHz ETC 自由流标识点系统由以下主要设备和设施组成:标识 RSU、龙门架、工控机、设备机柜、防雷设施、通信设备、供电设备等。

7.2 布局要求

标识点布局采用自由流处理模式,即车辆在自由流的行驶状态下完成路径标识处理。

标识 RSU 采用顶挂方式安置在龙门架上,具体布局设置可根据标识点实际的车道和交通状况进行专项设计。标识点布局示意图见附录 A。

7.3 选点和布设要求

在路网基本环路的适当位置,应至少设置一个标识点。具体的选点和布设原则如下:

1 标识点的布设位置与收费站及其他标识点之间的直线距离应做到 5.8GHz 通信信号互不干扰;

2 标识点一般应设置在封闭式收费公路主线空旷区域,远离服务区等易发生车辆聚集的区域,尽量避免在隧道和山谷等区域设置;

3 标识点布设位置附近区域无相近频点干扰源。

7.4 处理流程

标识点处理流程,见附录 B。

7.5 通信要求

标识点通信应满足以下要求:

1 标识点系统与路段收费中心系统(或上一级收费系统)的通信链路宜建立主备双链路,主链路为路段骨干通信传输网络,备份链路(选配)为无线通信线路;

2 主链路骨干通信传输网络通信链路带宽不小于 2Mbit/s,如选配无线通信备份线

路,其带宽应不小于 100kbit/s;

3 如选配备份线路,主、备链路切换时间不超过 1min;

4 通信设备工作环境温度应满足:-20℃ ~ +70℃(寒区 -35℃ ~ +40℃);

5 MTBF:至少为 10 000h。

7.6 供电要求

标识点供电应满足以下要求:

1 应确保 24h 不断电,并对供电情况进行实时监测;

2 供电设备工作环境温度应满足:-20℃ ~ +70℃(寒区 -35℃ ~ +40℃);

3 MTBF:至少为 10 000h。

7.7 系统性能

标识点系统性能应满足以下指标要求:

1 标识成功率:在车速为 0 ~160km/h 的条件下,单点标识成功率不小于 99.5%;

2 系统可靠性:在网络故障时有完整备用方案保证数据不被破坏,保证数据能够及时逐级上传至省中心系统,同时保证数据的完整性、一致性、真实性、不可抵赖性和安全性不受破坏;

3 数据存储容量:至少可保存 100 000 车次过车记录;

4 MTBF:至少为 10 000h。

7.8 上传数据

标识点系统上传的数据包括标识流水和设备状态信息。上传标识流水的基本数据格式及定义见表 7-1。上传设备状态信息的数据格式及定义由各省(区、市)根据需要自行定义。

表 7-1 标识流水数据表

序号	名　称	字　段	数据类型	长　度
1	记录号	RecordNo	SmallInt	2
2	标识点路网编号	FlagNetRoadID	SmallInt	2
3	标识点路段编号	FlagRoadID	SmallInt	2
4	标识点编号	FlagID	SmallInt	2
5	OBU MAC 地址	OBUNo	Integer	4
6	非现金支付卡卡号	PayCardID	Char(16)	16
7	CPC MAC 地址	CPCNo	Integer	4

续表 7-1

序号	名　　称	字　　段	数 据 类 型	长　　度
8	车型	VehicleType	TinyInt	1
9	车牌号码	VehPlate	Char	12
10	车牌颜色	VehColor	Char	2
11	通过时间	OpTime	DateTime	8
12	行驶方向	Direction	TinyInt	1

8 收费车道系统处理流程

8.1 ETC 入口车道

ETC 入口车道系统处理流程,见附录 C.1。

8.2 MTC 入口车道

MTC 入口车道系统处理流程,见附录 C.2。

8.3 ETC 出口车道

ETC 出口车道系统处理流程,见附录 C.3。

8.4 MTC 出口车道

MTC 出口车道系统处理流程,见附录 C.4。

8.5 省(区、市)界共建站 ETC 车道

省(区、市)界共建站 ETC 车道系统处理流程,见附录 C.5。

9　关键设备技术要求

9.1　标识 RSU

9.1.1　物理层参数指标

标识 RSU 物理层参数指标见表 9-1。

表 9-1　标识 RSU 物理层参数指标

序号	指　标		要　求
1	载波频率		信道 1:5.83GHz
			信道 2:5.84GHz
2	频率容限		$\pm 10 \times 10^{-6}$
3	占用带宽		≤5MHz
4	EIRP		≤33dBm
5	杂散发射	30MHz ~ 1 000MHz	≤ -36dBm/100kHz
		2 400MHz ~ 2 483.5MHz	≤ -40dBm/1MHz
		3 400MHz ~ 3 500MHz	≤ -40dBm/1MHz
		5 725MHz ~ 5 850MHz	≤ -33dBm/100kHz
		其他 1GHz ~ 20GHz	≤ -30dBm/1MHz
6	邻道功率泄露比		-30dB
7	天线半功率波瓣宽度		水平:≤38°
			垂直:≤55°
8	天线极化		右旋圆极化
9	XPD	最大增益方向	>15dB
		-3dB 区域	>10dB
10	调制方式		ASK
11	调制系数		0.7 ~ 0.9
12	编码方式		FM0
13	位速率		256kbit/s
14	位时钟精度		$\pm 100 \times 10^{-6}$
15	接收灵敏度		≤ -95dBm
16	唤醒信号		15 ~ 17 个周期 14k 方波
17	BER		10×10^{-6}
18	前导码		16 位“1”加 16 位“0”
19	后导码		最多 8 位

9.1.2 应用要求

标识 RSU 应支持多射频天线多车道并发通信,实现交通断面信号全覆盖。

标识 RSU 应能够实现对 OBU 和 CPC 的路径标识,标识方案见附录 D。

标识 RSU 与 OBU 之间的 DSRC 应符合 GB/T 20851.2、GB/T 20851.3 及《收费公路联网电子不停车收费技术要求》的相关规定。标识 RSU 与 OBU 间的交互流程,见附录 E。

标识 RSU 与 CPC 之间的 DSRC 应符合 GB/T 20851.2、GB/T 20851.3 及本技术要求的相关规定。标识 RSU 与 CPC 间的交互流程见附录 F。

9.1.3 工作方式

标识 RSU 采用联机工作方式。

9.1.4 安全

标识 RSU 应设置安全访问模块或者达到同样安全等级的芯片、板卡或辅助设备等,以存放访问控制密钥,所有的加密和认证过程应通过安全硬件产品实现。

9.1.5 接口

标识 RSU 应支持以太网方式的上位机通信接口,具有通过上位机接口进行在线程序和应用更新的能力。与上位机接口应符合《电子收费　路侧单元与车道控制器接口》(GB/T 28423)。

标识 RSU 应具有网络监测接口,支持标识 RSU 关键参数、配置管理、版本管理、诊断测试、日志管理、告警等信息监测功能。

9.1.6 供电

标识 RSU 设备应支持 AC220V 和 DC24V 双路供电。

9.1.7 可靠性

MTBF:至少为 10 000h。

9.1.8 环境条件

环境条件应符合:

1　工作温度:一般要求 -20℃ ~ +70℃(寒区 -35℃ ~ +40℃);

2　存储温度: -40℃ ~ +85℃;

3　相对工作湿度:4% ~100%;

4　静电:8kV;

5　振动:应符合 GB/T 2423.13;

6　冲击:应符合 GB/T 2423.6 试验 Eb 和导则;

7 盐雾:应符合 GB/T 2423.18;

8 雷击:抗 4kV 10/200μs 雷击。

9.2 CPC 卡

9.2.1 物理层参数指标

CPC 卡 13.56MHz 物理层参数指标应符合 ISO/IEC 14443 TYPE-A 标准的相关规定。

CPC 卡 5.8GHz 物理层参数指标见表 9-2。

表 9-2 CPC 卡 5.8GHz 物理层参数指标

序号	指标		要求
1	载波频率		信道 1:5.79GHz
			信道 2:5.80GHz
2	频率容限		$\pm 200 \times 10^{-6}$
3	占用带宽		≤5MHz
4	EIRP		≤10dBm
5	杂散发射	30MHz ~ 1 000MHz	≤ -36dBm/100kHz
		2 400MHz ~ 2 483.5MHz	≤ -40dBm/1MHz
		3 400MHz ~ 3 500MHz	≤ -40dBm/1MHz
		5 725MHz ~ 5 850MHz	≤ -33dBm/100kHz
		其他 1GHz ~ 20GHz	≤ -30dBm/1MHz
6	邻道功率泄露比		-30dB
7	天线极化		线极化或右旋圆极化
8	天线方向性	水平	全向
		垂直	全向
9	调制方式		ASK
10	调制系数		0.7 ~ 0.9
11	编码方式		FM0
12	位速率		512kbit/s
13	位时钟精度		$\pm 100 \times 10^{-6}$
14	唤醒方式		14k 方波唤醒或者正常通信帧信号唤醒
15	唤醒灵敏度		≤ -50dBm
16	接收灵敏度		≤ -65dBm
17	接收带宽		5.825GHz ~ 5.845GHz
18	BER		10×10^{-6}
19	前导码		16 位“1”加 16 位“0”
20	后导码		最多 8 位

9.2.2 应用要求

CPC 卡与标识 RSU 间的 DSRC 通信应符合 GB/T 20851.2、GB/T 20851.3 及本技术要求的相关规定，并满足附录 D 标识方案的要求。

CPC 卡应符合 GB/T 20851.2、GB/T 20851.3 中 OBU 服务原语的相关规定。

CPC 卡与 IC 卡读写器之间的通信应符合 ISO/IEC 14443 TYPE-A 标准的相关规定。CPC 卡在入/出口车道交互流程详见附录 H，CPC 卡发行流程详见附录 I。

CPC 卡应支持微波唤醒，定时周期唤醒功能可选。

CPC 卡应支持使用 IC 卡读写器上电、关闭等管理功能。

9.2.3 应用命令集

9.2.3.1 EXTERNAL AUTHENTICATION 命令

9.2.3.1.1 定义和范围

EXTERNAL AUTHENTICATION 命令利用 CPC 卡内部的计算结果，有条件地修改安全状态。计算的方法是利用 CPC 卡的主控密钥或应用主控密钥，对 CPC 卡产生的随机数（使用 GET CHALLENGE 命令）和接口设备传输进来的认证数据进行验证。

9.2.3.1.2 命令报文

EXTERNAL AUTHENTICATION 命令报文编码见表 9-3。

表 9-3 EXTERNAL AUTHENTICATION 命令报文编码

代　码	值
CLA	‘00’
INS	‘82’
P1	‘00’
P2	‘00’
Lc	‘08’
DATA	认证数据
Le	不存在

9.2.3.1.3 命令报文数据域

命令报文数据域中包含 8 字节的加密数据，该数据是用 P2 指定的密钥对此命令前一条命令“GET CHALLENGE”命令获得的随机数做 SM4 加密运算产生的 16 字节密文前后 8 字节异或的结果。

9.2.3.1.4 响应报文数据域

响应报文数据域不存在。

9.2.3.1.5 响应报文状态码

此命令执行成功的状态码是‘9000’。

CPC 卡回送的错误状态码见表 9-4。

表 9-4　EXTERNAL AUTHENTICATION 错误状态

SW1	SW2	含　　义
'63'	'CX'	认证失败，'X'为剩余的可尝试次数
'67'	'00'	Lc 不正确
'69'	'83'	认证方法锁定
'6A'	'86'	P1、P2 参数错
'6D'	'00'	INS 不支持或错误
'6E'	'00'	CLA 不支持或错误

9.2.3.2　GET CHALLENGE 命令

9.2.3.2.1　定义和范围

GET CHALLENGE 命令请求一个用于安全相关过程(例如安全报文)的随机数。

该随机数只能用于下一条指令，无论下一条指令是否使用了该随机数，该随机数都将立即失效。

9.2.3.2.2　命令报文

GET CHALLENGE 命令报文编码见表 9-5。

表 9-5　GET CHALLENGE 命令报文编码

代　　码	数　　值
CLA	'00'
INS	'84'
P1	'00'
P2	'00'
Lc	不存在
DATA	不存在
Le	'04','08'

9.2.3.2.3　命令报文数据域

命令报文数据域不存在。

9.2.3.2.4　响应报文数据域

响应报文数据域包括随机数，长度为 4 字节或 8 字节。

9.2.3.2.5　响应报文状态码

CPC 卡回送的响应信息中出现的状态码见表 9-6。

表 9-6　GET CHALLENGE 响应报文状态码

SW1	SW2	说　　明
'90'	'00'	命令执行成功
'67'	'00'	Le 长度错误
'6A'	'81'	功能不支持
'6A'	'86'	P1、P2 参数错
'6D'	'00'	命令不存在
'6E'	'00'	CLA 错

9.2.3.3 GET RESPONSE 命令

9.2.3.3.1 定义和范围

当 APDU 不能用现有协议传输时,GET RESPONSE 命令提供了一种从 CPC 卡向接口设备传送 APDU(或 APDU 的一部分)的传输方法。

9.2.3.3.2 命令报文

GET RESPONSE 命令报文编码见表 9-7。

表 9-7 GET RESPONSE 命令报文编码

代 码	数 值
CLA	'00'
INS	'C0'
P1	'00'
P2	'00'
Lc	不存在
DATA	不存在
Le	响应的最大数据长度

9.2.3.3.3 命令报文数据域

命令报文数据域不存在。

9.2.3.3.4 响应报文数据域

响应报文数据域的长度由 Le 的值决定。

如果 Le 的值为零,在附加数据有效时,CPC 卡应回送状态码'6CXX',否则回送状态码'6F00'。

9.2.3.3.5 响应报文状态码

CPC 卡回送的响应信息中出现的状态码见表 9-8。

表 9-8 GET RESPONSE 响应报文状态码

SW1	SW2	说 明
'90'	'00'	命令执行成功
'61'	'xx'	还有 xx 字节需要返回
'62'	'81'	回送数据有错
'67'	'00'	Lc 或 Le 长度错误
'6A'	'86'	P1、P2 参数错
'6C'	'xx'	长度错误,'xx'表示实际长度
'6D'	'00'	命令不存在
'6E'	'00'	CLA 错
'6F'	'00'	数据无效

9.2.3.4 Get SN 命令

9.2.3.4.1 定义和范围

读取 CPC 卡安全模块中卡商唯一的芯片序列号,自由读取。

9.2.3.4.2 命令报文

Get SN 命令报文编码见表 9-9。

表 9-9 Get SN 命令报文编码

代　码	数　值
CLA	‘80’
INS	‘F6’
P1	‘00’
P2	‘03’
Lc	不存在
DATA	不存在
Le	‘04’

9.2.3.4.3 命令报文数据域

命令报文数据域不存在。

9.2.3.4.4 响应报文数据域

响应报文数据域包括 4 字节芯片序列号。

9.2.3.4.5 响应报文状态码

CPC 卡回送的响应信息中出现的状态码见表 9-10。

表 9-10 Get SN 响应报文状态码

SW1	SW2	说　明
‘90’	‘00’	命令执行成功
‘6A’	‘86’	P1、P2 参数错
‘6C’	‘xx’	Le 错误
‘6D’	‘00’	命令不存在
‘6E’	‘00’	CLA 错

9.2.3.5 INTERNAL AUTHENTICATION 命令

9.2.3.5.1 定义和范围

INTERNAL AUTHENTICATION 命令提供了利用接口设备发来的随机数和自身存储的相关密钥进行数据认证的功能。

9.2.3.5.2 命令报文

INTERNAL AUTHENTICATION 命令报文编码见表 9-11。

表 9-11 INTERNAL AUTHENTICATION 命令报文编码

代 码	值
CLA	'00'
INS	'88'
P1	'00'
P2	内部认证密钥标识
Lc	认证数据的长度
DATA	认证数据
Le	'00'

9.2.3.5.3 命令报文数据域

命令报文数据域的内容是应用专用的认证数据。

9.2.3.5.4 响应报文数据域

响应报文数据域的内容是相关认证数据。

9.2.3.5.5 响应报文状态字

此命令执行成功的状态字是"9000"。CPC 卡可能回送的警告状态字见表 9-12。

表 9-12 INTERNAL AUTHENTICATION 警告状态

SW1	SW2	含 义
'62'	'81'	回送的数据可能有错

CPC 卡可能回送的错误状态字见表 9-13。

表 9-13 INTERNAL AUTHENTICATION 错误状态

SW1	SW2	含 义
'64'	'00'	标志状态位未变
'67'	'00'	Lc 域不存在
'68'	'82'	不支持安全报文
'69'	'85'	不满足使用条件
'6A'	'80'	数据域参数不正确
'6A'	'86'	P1 、P2 参数错
'6D'	'00'	INS 不支持或错误

9.2.3.6 READ BINARY 命令

9.2.3.6.1 定义和范围

READ BINARY 命令用于读出二进制文件的内容(或部分内容)。

9.2.3.6.2 命令报文

READ BINARY 命令报文编码见表 9-14。

表 9-14　READ BINARY 命令报文编码

<table>
<tr><td>代码</td><td colspan="9">数　值</td></tr>
<tr><td>CLA</td><td colspan="9">‘00’或‘04’</td></tr>
<tr><td>INS</td><td colspan="9">‘B0’</td></tr>
<tr><td rowspan="3">P1</td><td>b8</td><td>b7</td><td>b6</td><td>b5</td><td>b4</td><td>b3</td><td>b2</td><td>b1</td><td>说明</td></tr>
<tr><td>0</td><td>x</td><td>x</td><td>x</td><td>x</td><td>x</td><td>x</td><td>x</td><td>当前文件高位地址</td></tr>
<tr><td>1</td><td>0</td><td>0</td><td>x</td><td>x</td><td>x</td><td>x</td><td>x</td><td>通过 SFI 方式访问</td></tr>
<tr><td>P2</td><td colspan="9">若 P1 的 b8 = 0,P2 为文件的低位地址
若 P1 的 b8 = 1,P2 为文件地址</td></tr>
<tr><td>Lc</td><td colspan="9">1)不存在——明文方式
2)‘04’——校验方式</td></tr>
<tr><td>DATA</td><td colspan="9">1)不存在
2)MAC</td></tr>
<tr><td>Le</td><td colspan="9">期望返回的数据长度</td></tr>
</table>

9.2.3.6.3　命令报文数据域

一般情况下命令报文数据域不存在。当使用安全报文时,命令报文数据域中应包含 MAC。MAC 的计算方法和长度由应用决定。

9.2.3.6.4　响应报文数据域

当 Le 的值为零时,只要文件的最大长度在 256 字节(短长度)或 65 536 字节(扩展长度)之内,则其全部字节将被读出。

9.2.3.6.5　响应报文状态码

CPC 卡回送的响应信息中的状态码见表 9-15。

表 9-15　READ BINARY 响应报文状态码

SW1	SW2	说　明
‘90’	‘00’	命令执行成功
‘61’	‘xx’	还有 xx 字节要返回
‘62’	‘81’	部分回送的数据有错
‘62’	‘82’	文件长度 < Le
‘65’	‘81’	写 EEPROM 失败
‘67’	‘00’	Lc 长度错误
‘69’	‘81’	当前文件不是二进制文件
‘69’	‘82’	不满足安全状态
‘69’	‘83’	认证密钥锁定
‘69’	‘84’	引用数据无效(未申请随机数)
‘69’	‘85’	使用条件不满足
‘69’	‘86’	没有选择当前文件

续表 9-15

SW1	SW2	说　明
‘69’	‘88’	安全信息(MAC 和加密)数据错误
‘6A’	‘81’	功能不支持
‘6A’	‘82’	未找到文件
‘6A’	‘86’	P1、P2 参数错
‘6A’	‘88’	未找到密钥数据
‘6B’	‘00’	起始地址超出范围
‘6C’	‘xx’	Le 长度错误,‘xx’表示实际长度
‘6D’	‘00’	命令不存在
‘6E’	‘00’	CLA 错
‘93’	‘03’	应用永久锁定

9.2.3.7　READ RECORD 命令

9.2.3.7.1　定义和范围

READ RECORD 命令读记录文件中的内容。

9.2.3.7.2　命令报文

READ RECORD 命令报文编码见表 9-16。

表 9-16　READ RECORD 命令报文编码

代码	数　值								
CLA	‘00’或‘04’								
INS	‘B2’								
P1	记录号								
P2	b8	b7	b6	b5	b4	b3	b2	b1	说明
	0	0	0	0	0	—	—	—	当前文件
	x	x	x	x	x	—	—	—	通过 SFI 方式访问
	—	—	—	—	—	1	0	0	P1 指定的记录号
	其他值								保留
Lc	1)不存在——明文方式 2)‘04’—— 命令报文校验方式								
DATA	1)不存在——明文方式 2)MAC——校验方式								
Le	期望返回的记录数据								

9.2.3.7.3　命令报文数据域

一般情况下命令报文数据域不存在。当使用安全报文时,命令报文数据域中应包含 MAC。MAC 的计算方法和长度由应用决定。

9.2.3.7.4 响应报文数据域

所有执行成功的 READ RECORD 命令的响应报文数据域由读取的记录组成。

9.2.3.7.5 响应报文状态码

CPC 卡回送的响应信息中的状态码见表 9-17。

表 9-17 READ RECORD 响应报文状态码

SW1	SW2	说 明
‘90’	‘00’	命令执行成功
‘61’	‘xx’	还有 xx 字节需要返回
‘62’	‘81’	回送的数据有错
‘64’	‘00’	标志状态位没变
‘65’	‘81’	写 EEPROM 失败
‘67’	‘00’	Lc 长度错误
‘69’	‘81’	当前文件不是记录文件
‘69’	‘82’	不满足安全状态
‘69’	‘83’	认证密钥锁定
‘69’	‘84’	引用数据无效(未申请随机数)
‘69’	‘85’	使用条件不满足
‘69’	‘86’	没有选择当前文件
‘69’	‘88’	安全信息(MAC 和加密)数据错误
‘6A’	‘81’	功能不支持
‘6A’	‘82’	未找到文件
‘6A’	‘83’	未找到记录
‘6A’	‘85’	Lc 与 TLV 结构不匹配
‘6A’	‘86’	P1、P2 参数错
‘6A’	‘88’	未找到密钥数据
‘6C’	‘xx’	Le 长度错误,‘xx’表示实际长度
‘6D’	‘00’	命令不存在
‘6E’	‘00’	CLA 错
‘93’	‘03’	应用永久锁定

9.2.3.8 SELECT FILE 命令

9.2.3.8.1 定义和范围

——SELECT FILE 命令通过文件标识或应用名选择 CPC 卡中的 MF、DDF、ADF 或 EF 文件;

——成功执行该命令设定 MF、DDF 或 ADF 的路径;

——应用到 EF 的后续命令将采用 SFI 方式联系到所选定的 MF、DDF 或 ADF;

——从 CPC 卡返回的应答报文包含回送 FCI;

——FCI 数据从数据分组中获得。

9.2.3.8.2 命令报文

SELECT FILE 命令报文编码见表 9-18。

表 9-18 SELECT FILE 命令报文编码

代码	数值
CLA	‘00’
INS	‘A4’
P1	‘00’通过 FID 选择 DF、EF,当 Lc =‘00’时,选 MF ‘04’通过 DF 名选择应用
P2	‘00’ ‘02’选择下一个文件(P1 = 04h 时)
Lc	P1 =‘00’时,Lc =‘00’或‘02’ P1 =‘04’时,Lc =‘01’~‘10’
DATA	文件标识符(FID——2 字节) 应用名(App-Name,P1 =‘04’)
Le	FCI 文件的信息长度(选择 DF 时)

9.2.3.8.3 命令报文数据域

命令报文数据域应包括所选择的 DDF 名、DF 名或 FID,以及 EF 的 FID。

9.2.3.8.4 响应报文数据域

响应报文数据域中的数据应包括所选择的 MF、DDF、ADF 的 FCI。

成功选择 MF 后回送的 FCI 定义见表 9-19。

表 9-19 成功选择 MF 响应报文 FCI

标签	值			存在性
‘6F’	FCI 模板			M
	‘84’	DF		M
	‘A5’	FCI 数据专用模板		M
		‘88’	目录基本文件的 SFI	M
		‘9F0C’	FCI 文件内容	O

成功选择 DDF 后回送的 FCI 定义见表 9-20。

表 9-20 成功选择 DDF 响应报文 FCI

标签	值			存在性
‘6F’	FCI 模板			M
	‘84’	DF 名		M
	‘A5’	FCI 数据专用模板		M
		‘88’	目录基本文件的 SFI	M
		‘9F0C’	FCI 文件内容	O

成功选择 ADF 后回送的 FCI 定义见表 9-21。

表 9-21　成功选择 ADF 响应报文 FCI

标　签	值			存 在 性
‘6F’	FCI 模板			M
	‘84’	DF 名		M
	‘A5’	FCI 数据专用模板		M
		‘9F0C’	FCI 文件内容	O

9.2.3.8.5　响应报文状态码

CPC 卡回送的响应信息中的状态码见表 9-22。

表 9-22　SELECT FILE 响应报文状态码

SW1	SW2	说　明
‘90’	‘00’	命令执行成功
‘62’	‘83’	选择文件无效
‘62’	‘84’	FCI 格式与 P2 指定的不符
‘64’	‘00’	标志状态位没变
‘67’	‘00’	Lc 长度错误
‘6A’	‘81’	功能不支持
‘6A’	‘82’	未找到文件
‘6A’	‘86’	P1、P2 参数错
‘6A’	‘87’	Lc 与 P1、P2 不匹配
‘6D’	‘00’	命令不存在
‘6E’	‘00’	CLA 错
‘93’	‘03’	应用永久锁定

9.2.3.9　UPDATE BINARY 命令

9.2.3.9.1　定义和范围

UPDATE BINARY 命令用于更新二进制文件中的数据。

9.2.3.9.2　命令报文

UPDATE BINARY 命令报文编码见表 9-23。

表 9-23　UPDATE BINARY 命令报文编码

代码	数　值								
CLA	‘00’或‘04’								
INS	‘D6’								
P1	b8	b7	b6	b5	b4	b3	b2	b1	说明
	0	x	x	x	x	x	x	x	当前文件高位地址
	1	0	0	x	x	x	x	x	通过 SFI 方式访问
P2	若 P1 的 b8 = 0，P2 为文件的低位地址 若 P1 的 b8 = 1，P2 为文件地址								

续表 9-23

代码	数　值
Lc	DATA 域数据长度
DATA	明文方式:明文数据 加密方式:密文数据 校验方式:明文数据 ‖ 校验码 校验加密方式:密文数据 ‖ 校验码
Le	不存在

9.2.3.9.3　命令报文数据域

命令报文数据域包括更新原有数据的数据域。

9.2.3.9.4　响应报文数据域

响应报文数据域不存在。

9.2.3.9.5　响应报文状态码

CPC 卡回送的响应信息中的状态码见表 9-24。

表 9-24　UPDATE BINARY 响应报文状态码

SW1	SW2	说　明
'90'	'00'	命令执行成功
'65'	'81'	写 EEPROM 失败
'67'	'00'	Lc 长度错误
'69'	'81'	当前文件不是二进制文件
'69'	'82'	不满足安全状态
'69'	'83'	认证密钥锁定
'69'	'84'	引用数据无效(未申请随机数)
'69'	'85'	使用条件不满足
'69'	'86'	未选择文件
'69'	'88'	安全信息(MAC 和加密)数据错误
'6A'	'81'	功能不支持
'6A'	'82'	未找到文件
'6A'	'86'	P1、P2 参数错
'6A'	'88'	未找到密钥数据
'6B'	'00'	起始地址超出范围
'6D'	'00'	命令不存在
'6E'	'00'	CLA 错
'93'	'03'	应用永久锁定

9.2.3.10　UPDATE RECORD 命令

9.2.3.10.1　定义和范围

UPDATE RECORD 命令用于更新记录文件中的数据。

在使用当前记录地址时，该命令将在修改记录成功后重新设定记录指针。

9.2.3.10.2 命令报文

UPDATE RECORD 命令报文编码见表 9-25。

表 9-25 UPDATE RECORD 命令报文编码

<table>
<tr><td>代码</td><td colspan="9">数 值</td></tr>
<tr><td>CLA</td><td colspan="9">‘00’或‘04’</td></tr>
<tr><td>INS</td><td colspan="9">‘DC’</td></tr>
<tr><td>P1</td><td colspan="9">P1 = ‘00’ 表示当前记录
P1≠‘00’表示指定的记录号</td></tr>
<tr><td rowspan="9">P2</td><td>b8</td><td>b7</td><td>b6</td><td>b5</td><td>b4</td><td>b3</td><td>b2</td><td>b1</td><td>说明</td></tr>
<tr><td>0</td><td>0</td><td>0</td><td>0</td><td>0</td><td>—</td><td>—</td><td>—</td><td>当前文件</td></tr>
<tr><td>x</td><td>x</td><td>x</td><td>x</td><td>x</td><td>—</td><td>—</td><td>—</td><td>通过 SFI 方式访问</td></tr>
<tr><td>—</td><td>—</td><td>—</td><td>—</td><td>—</td><td>1</td><td>0</td><td>0</td><td>P1 指定的记录号</td></tr>
<tr><td>—</td><td>—</td><td>—</td><td>—</td><td>—</td><td>0</td><td>0</td><td>0</td><td>第一条记录</td></tr>
<tr><td>—</td><td>—</td><td>—</td><td>—</td><td>—</td><td>0</td><td>0</td><td>1</td><td>最后一条记录</td></tr>
<tr><td>—</td><td>—</td><td>—</td><td>—</td><td>—</td><td>0</td><td>1</td><td>0</td><td>下一条记录</td></tr>
<tr><td>—</td><td>—</td><td>—</td><td>—</td><td>—</td><td>0</td><td>1</td><td>1</td><td>前一条记录</td></tr>
<tr><td colspan="8">任何其他值</td><td>保留</td></tr>
<tr><td>Lc</td><td colspan="9">DATA 域数据长度</td></tr>
<tr><td>DATA</td><td colspan="9">明文方式：明文记录数据
加密方式：密文记录数据
校验方式：明文记录数据 ‖ 校验码
校验加密方式：密文记录数据 ‖ 校验码</td></tr>
<tr><td>Le</td><td colspan="9">不存在</td></tr>
</table>

9.2.3.10.3 命令报文数据域

命令报文数据域由更新原有记录的新记录组成。

9.2.3.10.4 响应报文数据域

响应报文数据域不存在。

9.2.3.10.5 响应报文状态码

CPC 卡回送的响应信息中的状态码见表 9-26。

表 9-26 UPDATE RECORD 响应报文状态码

SW1	SW2	说 明
‘90’	‘00’	命令执行成功
‘65’	‘81’	写 EEPROM 失败
‘67’	‘00’	Lc 长度错误
‘69’	‘81’	当前文件不是记录文件

续表 9-26

SW1	SW2	说　明
‘69’	‘82’	不满足安全状态
‘69’	‘83’	认证密钥锁定
‘69’	‘84’	引用数据无效(未申请随机数)
‘69’	‘85’	使用条件不满足
‘69’	‘86’	未选择文件
‘69’	‘88’	安全信息(MAC 和加密)数据错误
‘6A’	‘81’	功能不支持
‘6A’	‘82’	未找到文件
‘6A’	‘83’	未找到记录
‘6A’	‘84’	存储空间不够
‘6A’	‘85’	Lc 与 TLV 结构不匹配
‘6A’	‘86’	P1、P2 参数错
‘6A’	‘88’	未找到密钥数据
‘6D’	‘00’	命令不存在
‘6E’	‘00’	CLA 错
‘93’	‘03’	应用永久锁定

9.2.3.11　UPDATE KEY 命令

9.2.3.11.1　定义和范围

UPDATE KEY 命令用于更新一个已经存在的密钥(用于装载正式密钥)。

本命令可支持 8 字节或 16 字节的密钥,密钥写入应采用密文 + MAC 的方式,在主控密钥的控制下进行。

在密钥装载前应用 GET CHANLLEGE 命令从 CPC 卡取一个 4 字节的随机数。

9.2.3.11.2　命令报文

UPDATE KEY 命令报文编码见表 9-27。

表 9-27　UPDATE KEY 命令报文编码

代　码	值
CLA	‘84’
INS	‘D4’
P1	‘01’
P2	‘00’——更新主控密钥 ‘FF’——更新其他密钥
Lc	‘24’
DATA	密文密钥信息 ‖ MAC
Le	不存在

9.2.3.11.3 命令报文数据域

命令报文数据域包括要装载的密钥密文信息和 MAC。

密钥密文信息是用主控密钥对以下数据加密(按所列顺序)产生的:

——密钥用途;

——密钥标识;

——版本;

——密钥值。

MAC 是用主控密钥对以下数据进行 MAC 计算(按所列顺序)产生的:

——CLA;

——INS;

——P1;

——P2;

——Lc;

——密钥密文信息。

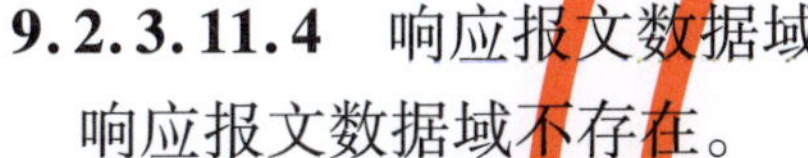

9.2.3.11.4 响应报文数据域

响应报文数据域不存在。

9.2.3.11.5 响应报文状态码

响应信息中的状态码见表 9-28。

表 9-28 UPDATE KEY 响应报文状态码

SW1	SW2	含　义
‘90’	‘00’	命令执行成功
‘65’	‘81’	写 EEPROM 失败
‘67’	‘00’	Lc 长度错误
‘69’	‘82’	不满足安全状态
‘69’	‘83’	认证密钥锁定
‘69’	‘84’	引用数据无效(未申请随机数)
‘69’	‘85’	使用条件不满足
‘69’	‘88’	安全信息(MAC 和密文)数据错误
‘6A’	‘80’	数据域参数错误
‘6A’	‘81’	功能不支持
‘6A’	‘82’	未找到文件
‘6A’	‘83’	未找到密钥数据
‘6A’	‘84’	文件空间已满
‘6A’	‘86’	P1、P2 参数错
‘6A’	‘88’	未找到密钥数据
‘6D’	‘00’	命令不存在
‘6E’	‘00’	CLA 错
‘93’	‘03’	应用永久锁定

9.2.4 安全

CPC 卡所有初始化数据应采用安全保护方式写入。

CPC 卡应支持 SM4 国产对称密码算法的数据存取和访问控制。

CPC 卡应提供安全访问模块或达到同等安全等级的芯片。

9.2.5 信息存储及应用更新

CPC 内的数据信息存储宜采用数据块的方式,寻址应采用目录树和文件的方式。

CPC 内应具有不小于 3k 字节作为应用信息存储空间。

CPC 应支持应用更新,更新可采用 13.56MHz 或 5.8GHz 通信方式。

9.2.6 电池

CPC 电池应通过 UL 1642 和 UN 38.3 认证。

9.2.7 外观尺寸

长 × 宽为 85.5mm × 54mm,厚度不大于 5mm,误差: ±0.2mm。

9.2.8 可靠性

MTBF:至少为 45 000h。

9.2.9 环境条件

环境条件应符合:

1 工作温度: 一般要求 −25℃ ~ +75℃;

2 存储温度: −40℃ ~ +75℃;

3 相对工作湿度:5% ~100%;

4 静电:≥8kV;

5 振动:应符合 GB/T 2423.13;

6 冲击:应符合 GB/T 2423.6 试验 Eb 和导则;

7 防水:IP65;

8 防紫外线老化。

9.2.10 使用寿命

CPC 的使用寿命应不少于 5 年。

9.3 OBU 和非现金支付卡

OBU 和非现金支付卡的各项指标要求应符合《电子收费 专用短程通信》(GB/T 20851.1 ~5)系列国家标准、《收费公路联网电子不停车收费技术要求》、《收费公路联网收费技术要求》等相关规定。

OBU 除符合上述规定外,为解决 ETC 车辆在经过标识点时,由于非现金支付卡未插入 OBU 导致路径信息无法写入非现金支付卡的应用场景,还应具备以下同步功能:当非现金支付卡插入 OBU 时,若 OBU 为非拆卸状态,则将 OBE-SAM 中的 EF04 文件全部内容覆盖写入到非现金支付卡 0009 文件中。

此外,OBU 应符合附录 D 和附录 E 相关要求,同时支持附录 G.1 和附录 G.2 通信数据帧格式。

10 多义性路径识别应用安全

10.1 安全机制

ETC 车辆多义性路径识别应基于 GB/T 20851 和《收费公路联网电子不停车收费技术要求》既定的安全机制，实现收费车道出入口的操作安全。各省（区、市）根据需要，确定标识点是将路径信息写入非现金支付卡 0008 文件还是 0009 文件。

MTC 车辆多义性路径识别应通过在出入口收费车道与 CPC 卡间进行双向认证的方式，实现收费车道出入口的操作安全。路侧终端与 CPC 卡间的双向认证方法见 10.2 和 10.3，具体安全计算方法见附录 J。

10.2 外部认证方法

CPC 卡支持的外部认证方法流程，如图 10-1 所示。

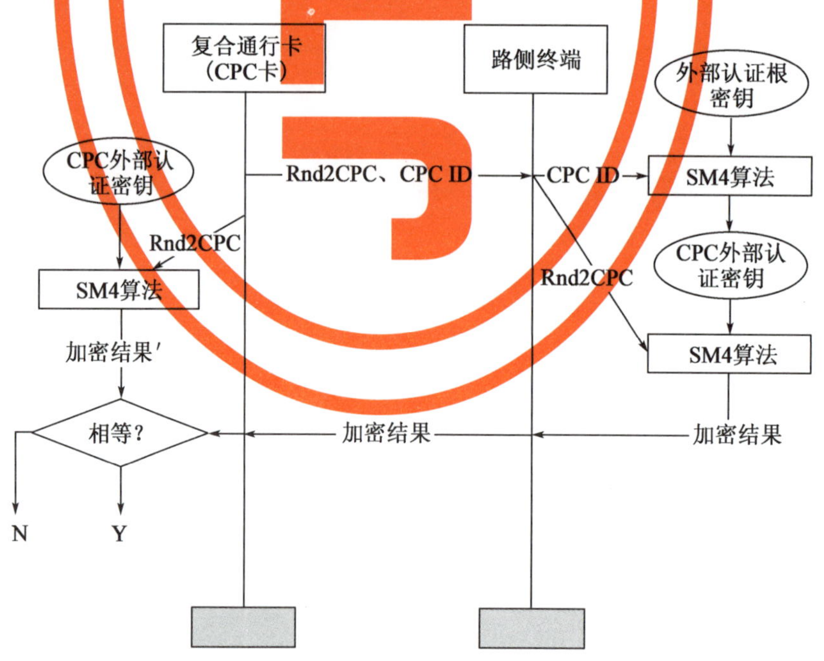

图 10-1 CPC 卡支持的外部认证方法流程

10.3 内部认证方法

CPC 卡支持的内部认证方法流程，如图 10-2 所示。

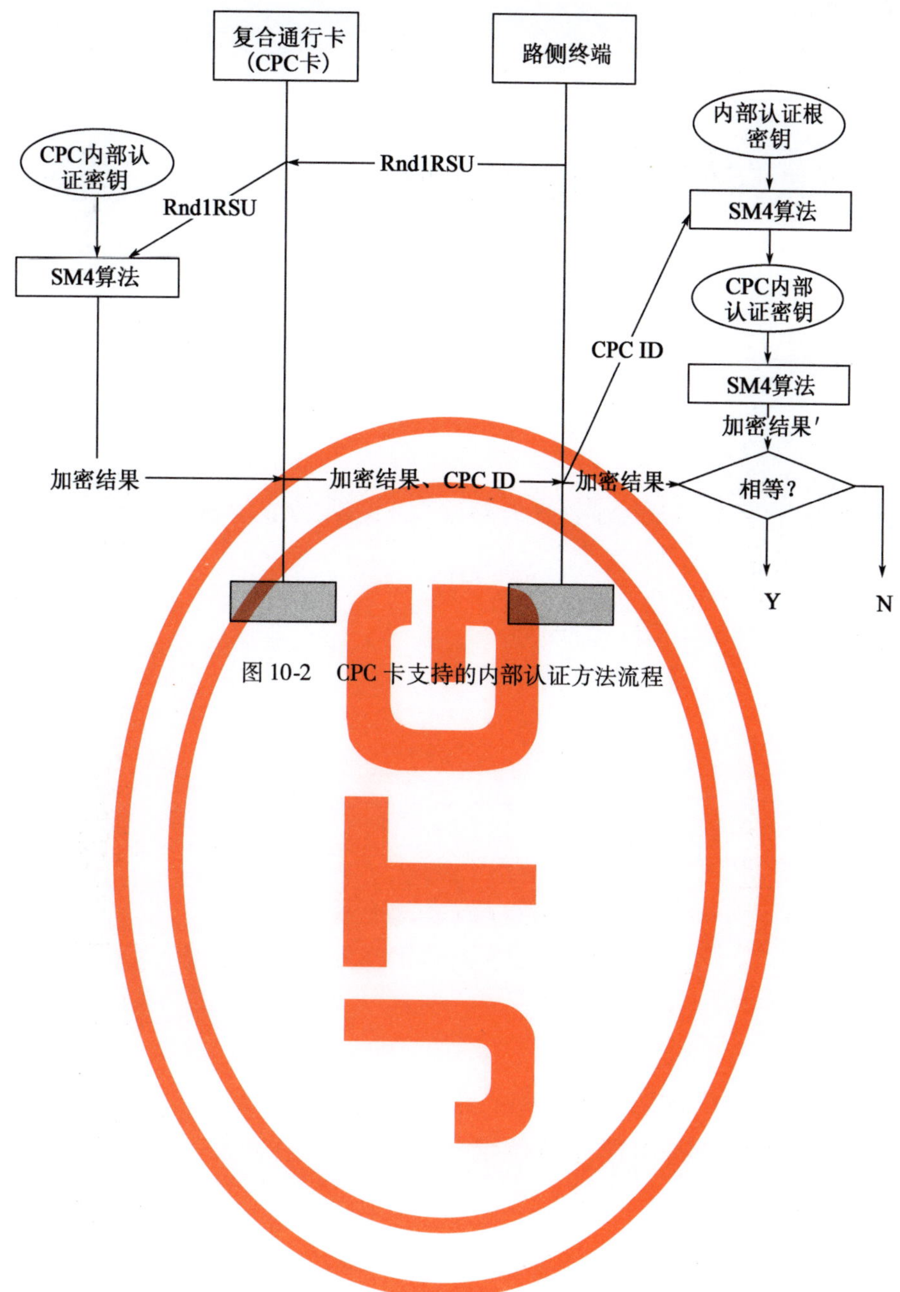

图 10-2　CPC 卡支持的内部认证方法流程

11 路径信息存储及关键信息编码

11.1 关键信息编码

11.1.1 路径信息编码

路径信息由 2 个字节组成,高字节为路段编号,低字节为标识点编号,采用十六进制表示,如图 11-1 所示。

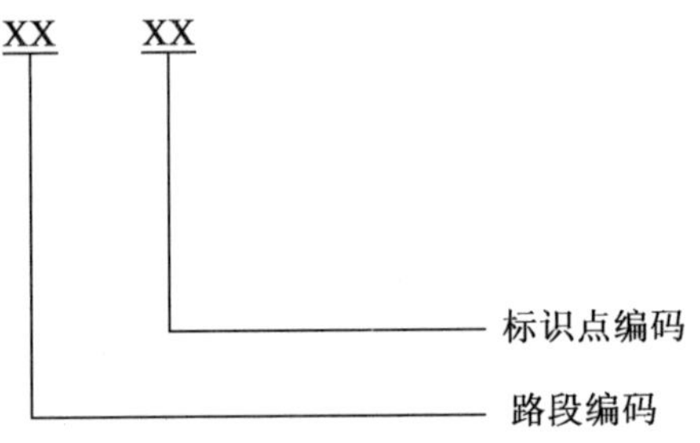

图 11-1 路径信息编码规则

注:路段编码和标识点编码由省(区、市)自行定义。

11.1.2 CPC 卡发行方标识编码

"CPC 卡发行方标识"是指 CPC 卡中"系统信息文件"(EF01)的第 1 ~8 字节,发行方标识由收费公路电子收费密钥管理单位统一分配并登记备案。CPC 卡发行方标识编码规则如图 11-2 所示。

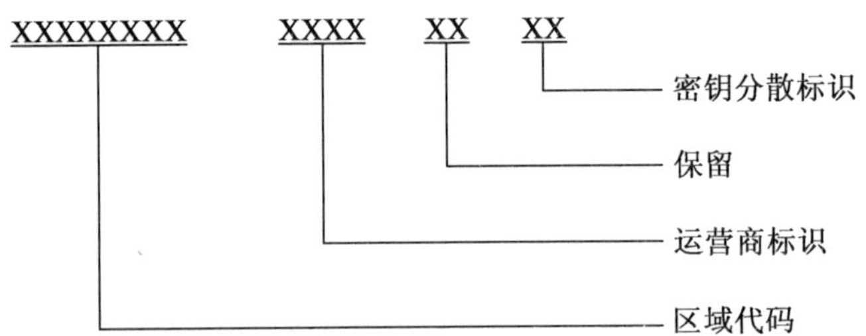

图 11-2 CPC 卡发行方标识编码规则

注:1. 区域代码为各省(市、区)的唯一标识,用 2 个汉字(4 个字节)表示。

2. 运营商标识为省内运营商的唯一标识,采用压缩 BCD 编码方式,由 2 个字节组成:第 1 字节为省级行政区划代码,依照 GB/T 2260;第 2 字节为省内运营商的唯一标识号,由收费公路电子收费密钥管理单位分配并登记。

3. 保留字节暂定一个字节 0x00。

4. 密钥分散标识定义：

01　通过两级分散得到卡片密钥，第一级采用区域代码（复制一次变为8个字节）作为分散因子，第二级采用CPC卡ID作为分散因子；

02　通过三级分散得到卡片密钥，第一级采用区域代码（复制一次变为8个字节）作为分散因子，第二级采用运营商标识（补“F”变为8个字节）作为分散因子，第三级采用CPC卡ID作为分散因子；

03　通过三级分散得到卡片密钥，第一级采用运营商标识（补“F”变为8个字节）作为分散因子，第二级采用区域代码（复制一次变为8个字节）作为分散因子，第三级采用CPC卡ID作为分散因子。

11.1.3　CPC卡MAC地址编码

CPC卡的专用MAC地址采用4字节的二进制数进行编码，由1个字节“制造商代码”和3个字节“制造商内部编码”组成，如图11-3所示。

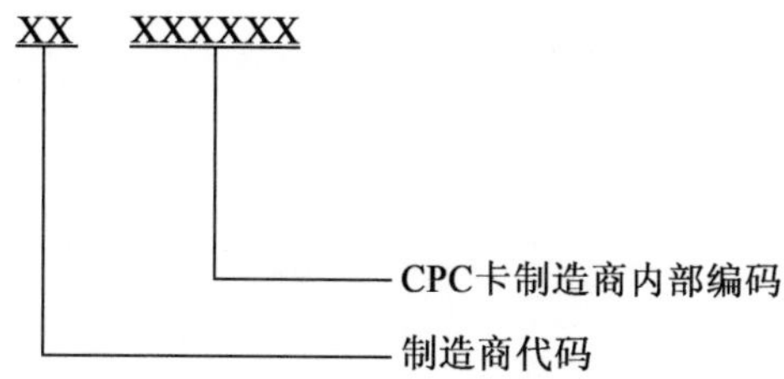

图11-3　CPC卡的专用MAC地址规则

注：1. 制造商代码由收费公路电子收费密钥管理单位统一分配和管理。取值范围为：0x00～0xFF，其中：0x00～0x9E分配给OBU厂商，0xA0～0xFE分配给CPC卡厂商，0x9F、0xFF保留做测试等用途。

2. CPC卡制造商内部编码由CPC卡制造商根据其生产、管理等方面的需要自行定义，应确保其唯一性。其取值范围为：0x000000～0xFFFFFF。

11.1.4　CPC卡ID编码

CPC卡ID编码是指系统信息文件（EF01）的第9～16字节。CPC卡ID由1字节“省级行政区域代码”、1字节“运营商序号”、1字节“卡片提供商标识”、1字节保留、4字节“卡片序列号”组成，如图11-4所示。

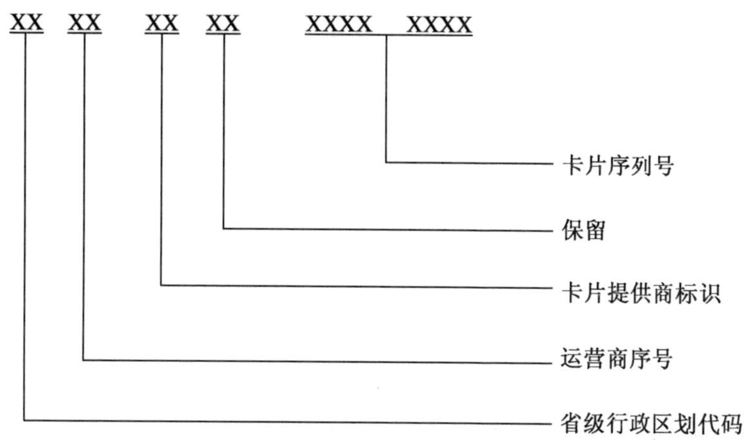

图11-4　CPC卡ID编码规则

注：1. 省级行政区划代码按照GB/T 2260执行，运营商序号、卡片提供商标识可由各省（区、市）自行定义。

2. 保留字节不使用时应写入0xFF。

3. 卡片序列号采用顺序编号的方式。

11.1.5 CPC 卡表面序号编码

CPC 卡表面序号编码用于表面光刻打印。CPC 卡表面序号编码与 ID 序号编码一致，如图 11-4 所示。打印时，采用 2 字节为一组的方式，组与组之间用一个空格隔开。

11.1.6 标识 RSU 的 BeaconID 编码

标识 RSU 的 BeaconID 编码规则同 CPC 卡 MAC 地址编码规则，即采用 4 字节的二进制数进行编码，由 1 个字节“制造商代码”和 3 个字节“制造商内部编码”组成，如图 11-5 所示。

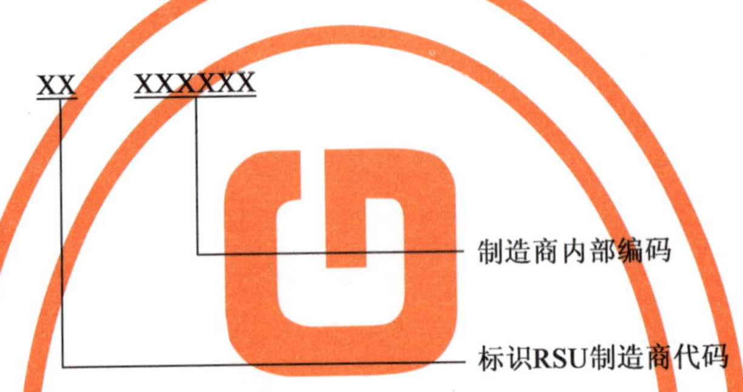

图 11-5 标识 RSU 的 BeaconID 编码规则

注：1. 制造商代码由收费公路电子收费密钥管理单位统一分配和管理。取值范围为：0x00 ~ 0xFF，其中：0x00 ~ 0x9E 分配给 ETC RSU 厂商，0xA0 ~ 0xFE 分配给标识 RSU 厂商，0x9F、0xFF 保留做测试等用途。

2. 标识 RSU 制造商内部编码由标识 RSU 制造商根据其生产、管理等方面的需要自行定义，应确保其唯一性。其取值范围为：0x000000 ~ 0xFFFFFF。

11.1.7 CPC 卡分散代码

CPC 卡应用采用部省两级密钥分散。第一级分散采用省级行政区域代码（复制一次变为 8 个字节）作为分散因子，第二级分散采用 CPC 卡 ID（8 个字节）作为分散因子。

11.2 路径信息存储

11.2.1 非现金支付卡路径信息存储

11.2.1.1 非现金支付卡标识文件定义

非现金支付卡文件结构和数据定义应符合《〈全国高速公路电子不停车收费联网总体技术方案〉补充技术要求》（交办公路〔2014〕205 号）相关规定。

非现金支付卡中的 DF01（1001）ETC 应用目录下的 0008 文件和 0009 文件作为路径标识文件，存储路径信息。具体文件数据结构和定义见表 11-1。

表 11-1　非现金支付卡路径标识文件数据结构和定义

字节	数据元	长度(字节)	内容
文件标识			‘0008’
文件类型			二进制文件
文件大小			128 字节
读取:自由			写入:外部认证密钥认证通过后可写
字节	数据元	长度(字节)	内容
1	已写入有效标识点个数	1	已写入的标识点信息数量,十六进制编码,置 0 表示无标识点信息(即后面的字节信息无效)
2~3	最近写入的标识点编码	2	写入最新的标识点信息(1 字节路段编码+1 字节标识点号),十六进制编码
4~127	路径信息	124	按标识时间先后顺序存储路径信息,每个路径信息占 2 个字节,十六进制编码。最多存储 62 个标识点信息
128	保留	1	写为 0xFF

注:标识点系统写入路径信息前,应先对第 1~3 字节判断,以避免重复写入。

非现金支付卡 DF01(1001)ETC 应用目录下的 0009 文件作为从 OBU 向非现金支付卡同步的路径标识文件,存储路径信息。文件数据结构和定义见表 11-2。

表 11-2　非现金支付卡 0009 文件数据结构和定义

字节	数据元	长度(字节)	内容
文件标识			‘0009’
文件类型			二进制文件
文件大小			512 字节
读取:自由			写入:自由
字节	数据元	长度(字节)	内容
1	省级行政区划代码	1	路方所在省级行政区划代码,按照 GB/T 2260 编码,如北京市,编码为 0x11
2~512	路径信息	511	由各省(区、市)自定义

注 1:OBU 采用全文件覆盖写入方式更新 0009 文件,0009 文件数据格式定义与 OBE-SAM 卡 EF04 文件的标识文件数据结构和编码规则一致;

注 2:第 3 字节 0x00、0x02 两个取值作为行业应用保留;

注 3:附录 L 给出了两种 0009 文件数据结构和定义,仅供各省(区、市)参考。

11.2.1.2　OBU 标识文件定义

OBE-SAM 文件结构和数据定义应符合《〈全国高速公路电子不停车收费联网总体技术方案〉补充技术要求》(交办公路〔2014〕205 号)相关规定。

将 OBE-SAM 卡 DF01 ETC 应用目录下的 EF04 文件作为路径标识文件存储路径信

息,其文件数据结构和定义与非现金支付卡 0009 文件相同。具体文件数据结构和定义见表 11-3。

表 11-3 OBE-SAM 卡标识点文件数据结构和定义

文件标识			'EF04'
文件类型			二进制文件
文件大小			512 字节
读取:自由			写入:自由
字节	数据元	长度(字节)	内容
1	省级行政区划代码	1	路方所在省级行政区划代码,按照 GB/T 2260 编码,如北京市,编码为 0x11
2 ~ 512	路径信息	511	由各省(区、市)自定义

注 1:标识点系统应对省级行政区域代码标记进行判定。如果是本省(区、市)代码,则根据路径信息的有效时间先后顺序循环记录写入当前标识点信息;如果非本省(区、市)代码,则应清除 EF04 文件原有信息,将省级行政代码字段改写为本省代码;

注 2:附录 L 给出了两种 EF04 文件数据结构和定义,仅供各省(区、市)参考。

11.2.2 CPC 卡信息存储

11.2.2.1 文件结构

CPC 卡的文件结构,如图 11-6 所示。

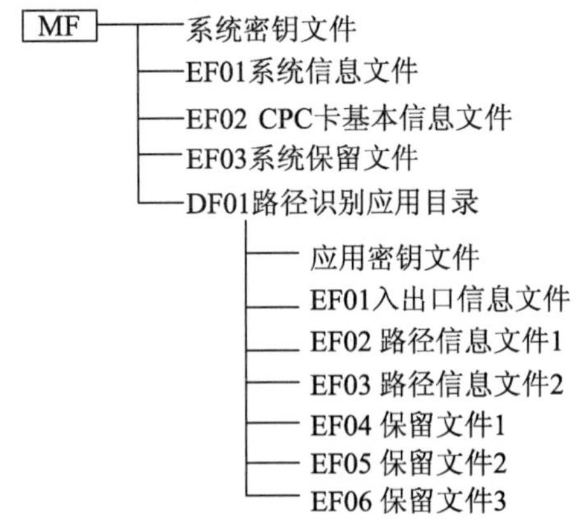

图 11-6 CPC 卡的文件结构图

11.2.2.2 数据文件说明

1 MF 根目录下的密钥文件

MF 下的密钥文件结构见表 11-4。

表 11-4　MF 下密钥文件结构

密钥名称	密钥标识	密钥长度	算法标识	错误计数器
卡片主控密钥 $MK_{\_MF}$	00	10H	04	3 ~ 15
卡片维护密钥 $DAMK_{\_MF}$	01	10H	04	3 ~ 15

密钥用途与用法：

1）　卡片主控密钥 $MK_{_MF}$的用途是控制 MF 目录下文件的建立和密钥的写入；

2）　卡片维护密钥 $DAMK_{_MF}$的用途是发卡方或应用提供方用于产生更新二进制文件或记录命令的 MAC。

2　DF01 路径识别应用目录下的密钥文件

DF01 下的密钥文件结构见表 11-5。

表 11-5　DF01 下密钥文件结构

密钥名称	密钥标识	密钥长度	算法标识	错误计数器
应用主控密钥 $MK_{\_DF01}$	00	10H	04	3 ~ 15
应用维护子密钥 $AMK_{\_DF01}$	01	10H	04	3 ~ 15
内部认证子密钥 1 $IK1_{\_DF01}$	01	10H	04	—
内部认证子密钥 2 $IK2_{\_DF01}$	02	10H	04	—
外部认证子密钥 1 $UK1_{\_DF01}$	01	10H	04	3 ~ 15
外部认证子密钥 2 $UK2_{\_DF01}$	02	10H	04	3 ~ 15
外部认证子密钥 3 $UK3_{\_DF01}$	03	10H	04	3 ~ 15
外部认证子密钥 4 $UK4_{\_DF01}$	04	10H	04	3 ~ 15

密钥用途与用法：

1）　应用主控密钥在卡片主控密钥的线路保护控制下装载（密文 + MAC）；

2）　应用主控密钥在自身的控制下更新（密文 + MAC）；

3）　本密钥文件下其他密钥在应用主控密钥的线路保护控制下装载、更新（密文 + MAC）；

4）　应用主控密钥外部认证通过后，可以在 DF01 目录下进行文件创建（应用密钥文件、入出口信息文件、路径信息文件、保留文件等）；

5）　应用维护子密钥用于 DF01 区域的应用数据维护；

6）　内部认证子密钥 1 用于终端设备验证卡片的合法性，内部认证子密钥 2 作为备份密钥版本保留；

7）　外部认证子密钥 1 认证通过后可对 DF01 下的入口信息文件及路径信息文件、保留文件等进行更新，外部认证子密钥 2 认证通过后只可对 DF01 下的路径信息文件、保留文件等进行更新，不能对入出口信息文件进行更新，外部认证子密钥 3 和外部认证子密钥 4 分别作为外部认证密钥 1 和外部认证密钥 2 的备用版本用于未来密钥更新。

3　系统信息文件

系统密钥文件结构见表 11-6。

表 11-6　系统信息文件结构

文件标识(FID)			'EF01'
文件类型			二进制文件
文件大小			30 字节
读取:自由			写入:DAMK_MF线路保护(明文 + MAC)
字节	类型	长度(字节)	内容
1~8	cn	8	CPC 卡发行方标识
9~16	cn	8	CPC 卡 ID,编码见 11.1.4
17	cn	1	版本号
18~21	cn	4	合同签署日期 格式:CCYYMMDD
22~25	cn	4	合同过期日期 格式:CCYYMMDD
26~30	an	5	自定义,不使用时写入 0xFF

4　CPC 卡基本信息文件

CPC 卡基本信息文件结构见表 11-7。

表 11-7　CPC 卡基本信息文件结构

文件标识(FID)			'EF02'
文件类型			二进制文件
文件大小			64 字节
读取:自由			写入:自由
字节	类型	长度(字节)	内容
1	cn	1	CPC 电量信息,最高 bit 位:0-正常,1-低电;其他 7bit 位:剩余电量百分比
2	cn	1	5.8GHz 工作状态,0-关闭;1-打开
3~64	cn	62	厂商自定义

5　MF 下保留文件

MF 下保留文件结构见表 11-8。

表 11-8　MF 下保留文件结构

文件标识(FID)			'EF03'
文件类型			二进制文件
文件大小			128 字节
读取:自由			写入:DAMK_MF线路保护(明文 + MAC)
字节	类型	长度(字节)	内容
1~128	cn	128	保留

6　DF01 下的入口信息文件

系统密钥文件结构见表 11-9。

表 11-9　入出口信息文件结构

文件标识(FID)			‘EF01’
文件类型			二进制文件
文件大小			43 字节
读取:自由			写入:$UK1_{-DF01}$外部认证写入
字节	类型	长度(字节)	内容
1	cn	1	车型,见《收费公路联网收费技术要求》表 4.3
2~13	cn	12	车牌号码,全牌照(汉字+字母+数字)信息,采用字符型存储,汉字采用 GB2312 码,如:“京”编码为“BEA9”; 牌照信息不足 12 字节,后补 0x00
14	cn	1	车牌颜色,0x00-蓝色;0x01-黄色;0x02-黑色;0x03-白色;0x04~0xFF 保留
15~16	cn	2	入口收费路网号,见《收费公路联网收费技术要求》表 4.3
17~18	cn	2	入口收费站号,见《收费公路联网收费技术要求》表 4.3
19	cn	1	入口收费车道号,见《收费公路联网收费技术要求》表 4.3
20~23	cn	4	入口时间,UNIX 时间,起始:1970 年 1 月 1 日 0 时 0 分 0 秒)
24	cn	1	出、入口状态,01-封闭式 MTC 入口;02-封闭式 MTC 出口;03-封闭 ETC 入口;04-封闭式 ETC 出口,其他详见《收费公路联网收费技术要求》表 4.3
25~43	cn	19	自定义,不使用时写入 0xFF

7　DF01 下的路径信息文件 1

路径信息文件 1 结构见表 11-10。

表 11-10　路径信息文件 1 结构

文件标识(FID)			‘EF02’
文件类型			二进制文件
文件大小			512 字节
读取:自由			写入:$UK1_{-DF01}$或 $UK2_{-DF01}$外部认证写入
字节	类型	长度(字节)	内容
1	cn	1	已写入的有效标识点个数
2~7	cn	6	已经写入的最新标识点信息,2 字节标识点编码+4 字节时间戳(UNIX 时间,起始:1970 年 1 月 1 日 0 时 0 分 0 秒)

续表 11-10

文件标识(FID)			‘EF02’
8～379	cn	372	标识点信息,第8字节开始记录标识点信息,每个标识点信息分别为2字节标识点编码+4字节时间戳(UNIX格式,起始:1970年1月1日0时0分0秒),按时间先后顺序记录
380～512	cn	133	保留,写为0xFF
注:标识点系统写标识点信息时,应根据第2～7字节判断,避免重复写。			

8　DF01下的路径信息文件2

路径信息文件2结构见表11-11。

表11-11　路径信息文件2结构

文件标识(FID)			‘EF03’
文件类型			二进制文件
文件大小			512字节
读取:自由			写入:自由
字节	类型	长度(字节)	内容
1	cn	1	已写入的有效标识点个数
2～7	cn	6	已经写入的最新标识点信息,2字节标识点编码+4字节时间戳(UNIX时间,起始:1970年1月1日0时0分0秒)
8～379	cn	372	标识点信息,第8字节开始记录标识点信息,每个标识点信息分别为2字节标识点编码+4字节时间戳(UNIX格式,起始:1970年1月1日0时0分0秒),按时间先后顺序记录
380～512	cn	133	保留,写为0xFF
注:标识点系统写标识点信息时,应根据第2～7字节判断,避免重复写。			

9　DF01下的保留文件1

保留文件1结构见表11-12。

表11-12　保留文件1结构

文件标识(FID)			‘EF04’
文件类型			二进制文件
文件大小			128字节
读取:自由			写入:$UK1_{-DF01}$或$UK2_{-DF01}$外部认证写入
字节	类型	长度(字节)	内容
1～128	cn	128	保留

10　DF01下的保留文件2

保留文件2结构见表11-13。

表 11-13 保留文件 2 结构

文件标识(FID)			‘EF05’
文件类型			二进制文件
文件大小			128 字节
读取:自由			写入:DAMK$_{MF}$线路保护(明文 + MAC)
字节	类型	长度(字节)	内容
1～128	cn	128	保留

11 DF01 下的保留文件 3

保留文件 3 结构见表 11-14。

表 11-14 保留文件 3 结构

文件标识(FID)			‘EF06’
文件类型			二进制文件
文件大小			128 字节
读取:自由			写入:自由
字节	类型	长度(字节)	内容
1～128	cn	128	保留

附录A　标识点布局图

为提高标识成功率，标识点应采取龙门架顶挂式布局。标识点布局示意图，如图 A-1 所示。

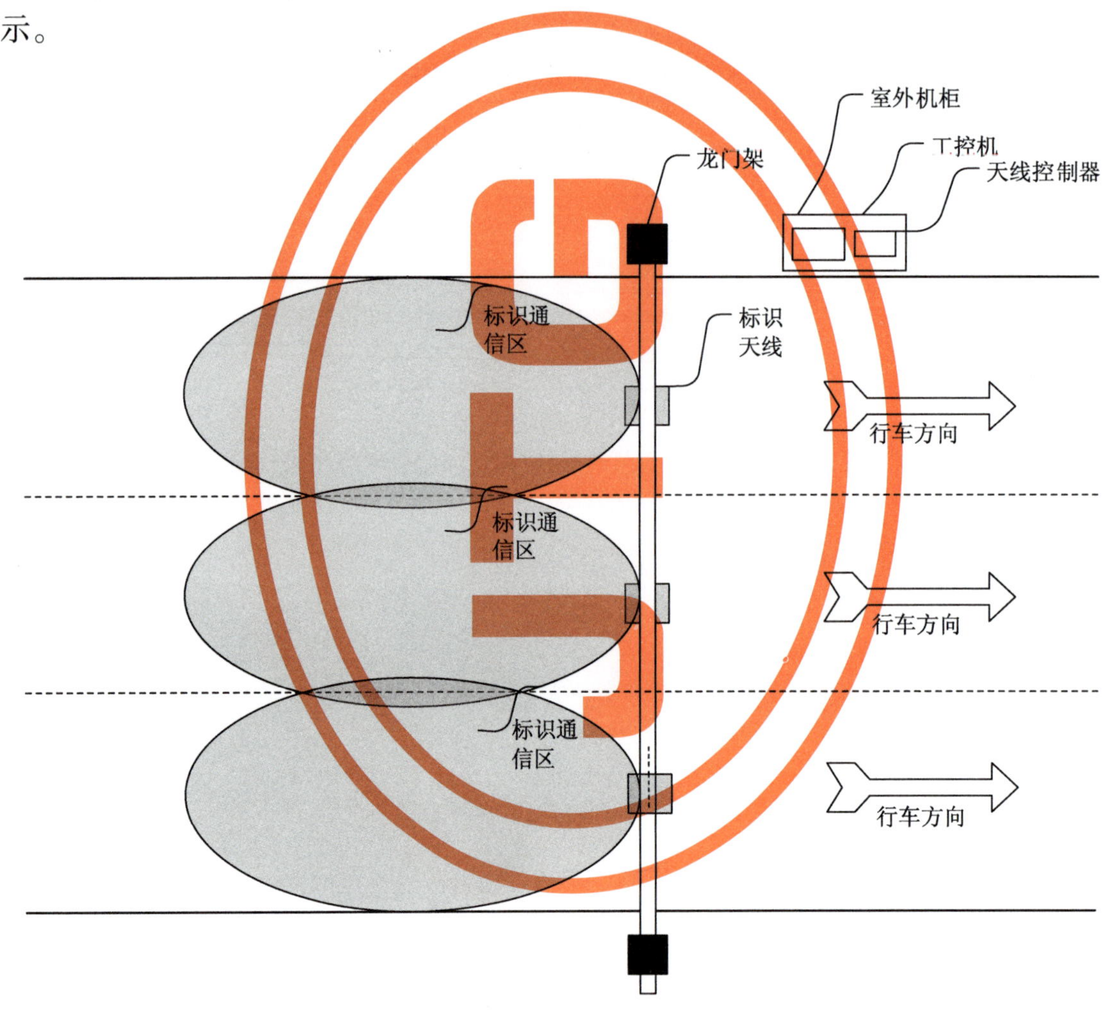

图 A-1　标识点布局示意图

附录 B　标识点处理流程

各省(区、市)根据需要,确定标识点是将路径信息写入 0008 文件还是 0009 文件。标识点系统流程,如图 B-1 所示。

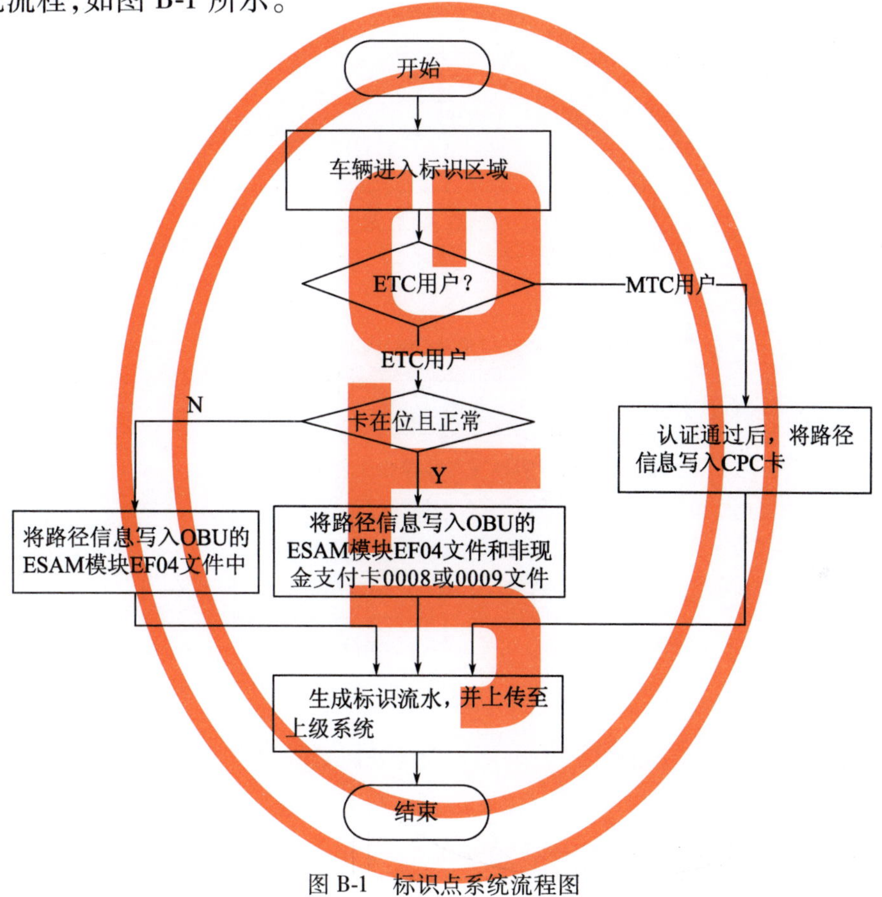

图 B-1　标识点系统流程图

附录C 收费车道系统处理流程

C.1 ETC入口车道系统流程

ETC入口车道系统处理流程,如图C-1所示。

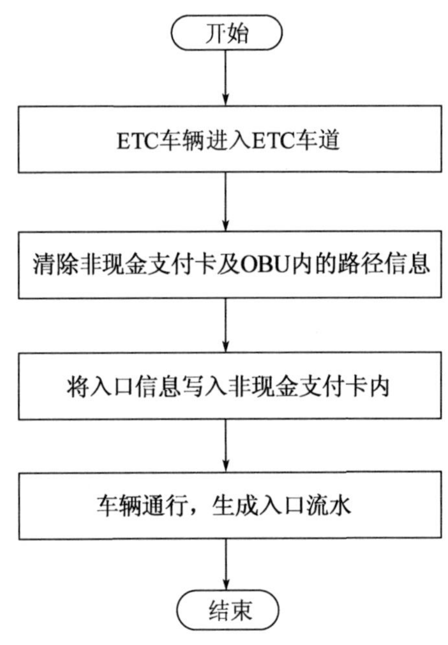

图C-1 ETC入口车道系统处理流程图

C.2 MTC入口车道系统流程

MTC入口车道系统处理流程,如图C-2所示。

C.3 ETC出口车道系统流程

ETC出口车道系统处理流程,如图C-3所示。

C.4 MTC出口车道系统流程

MTC出口车道系统处理流程,如图C-4所示。

C.5 省(区、市)界共建站 ETC 车道系统流程

省(区、市)界共建站 MTC 车道系统处理流程,如图 C-5 所示。

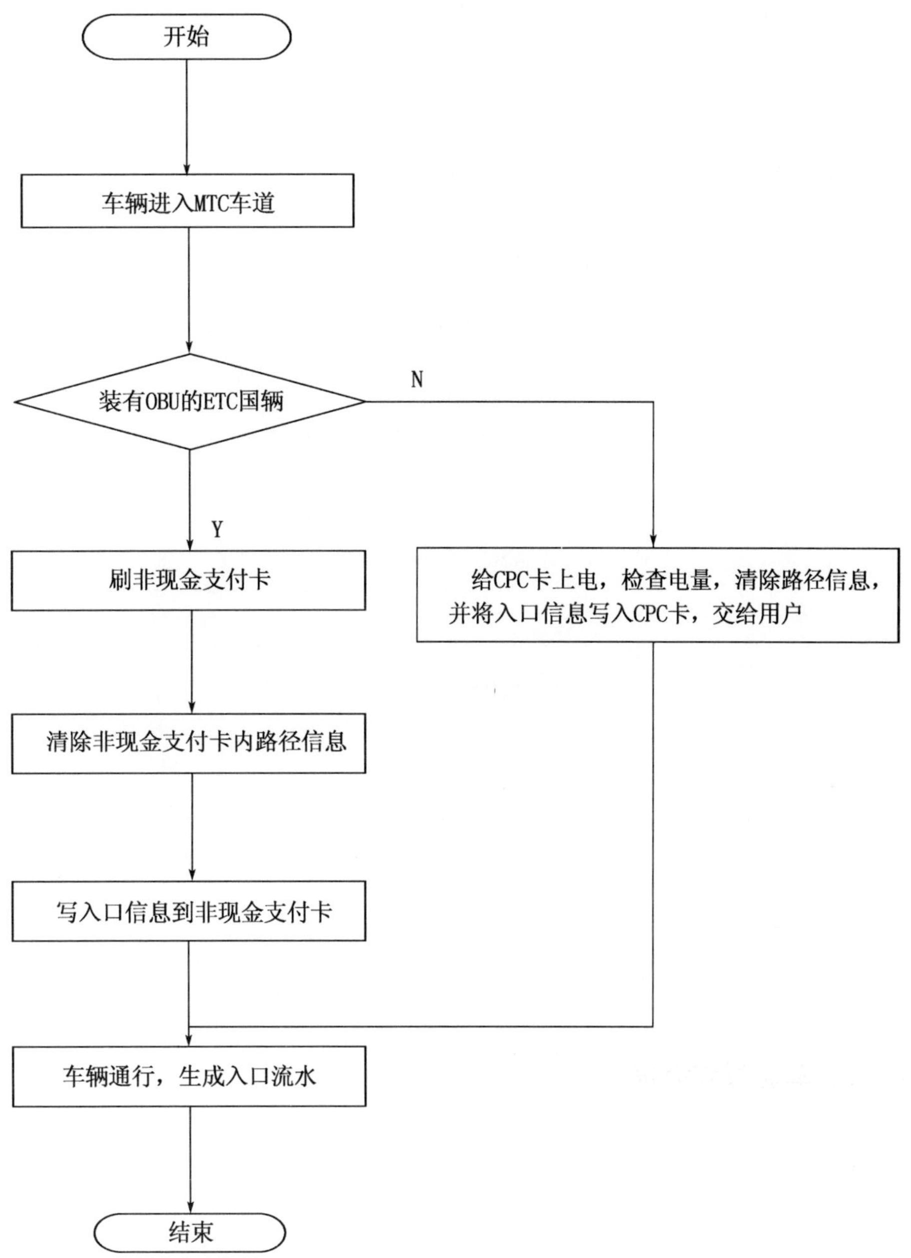

图 C-2 MTC 入口车道系统处理流程图

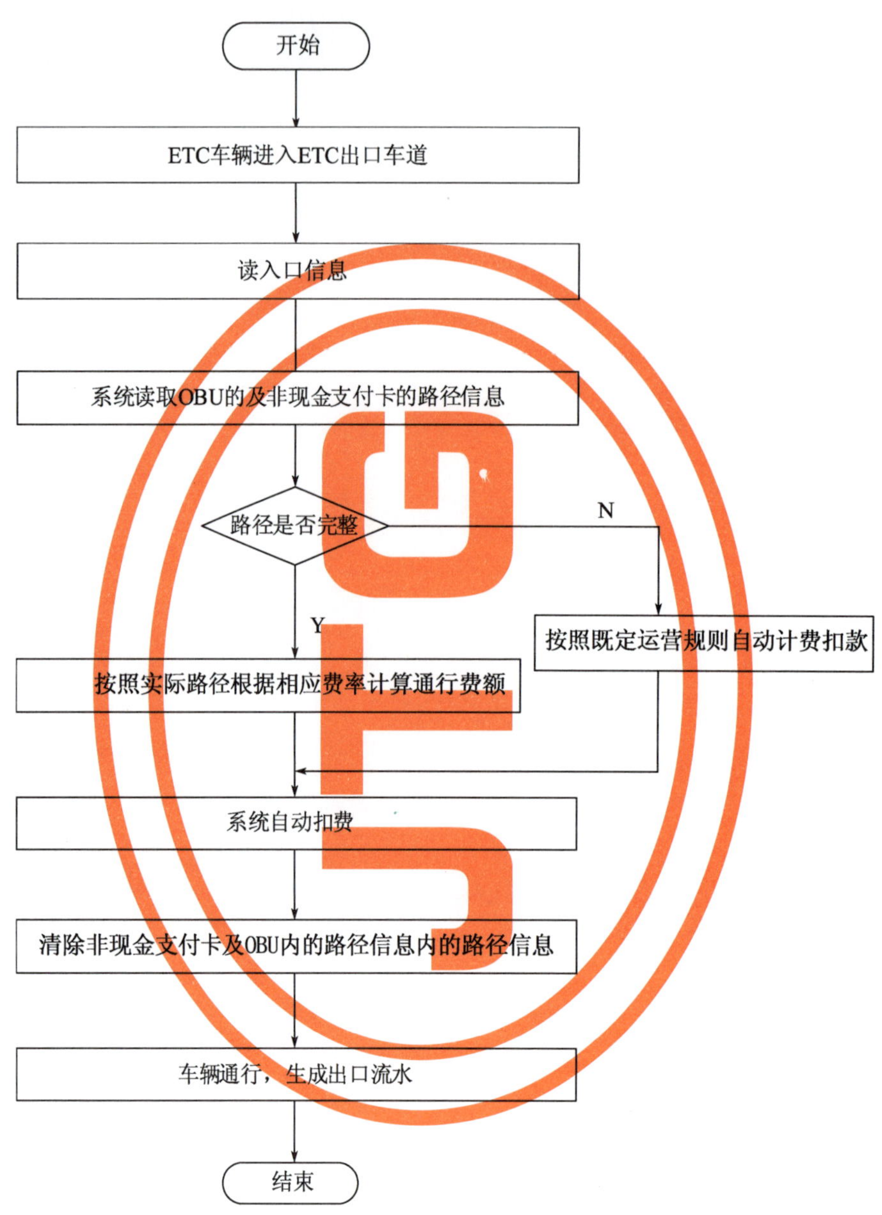

图 C-3　ETC 出口车道系统处理流程图

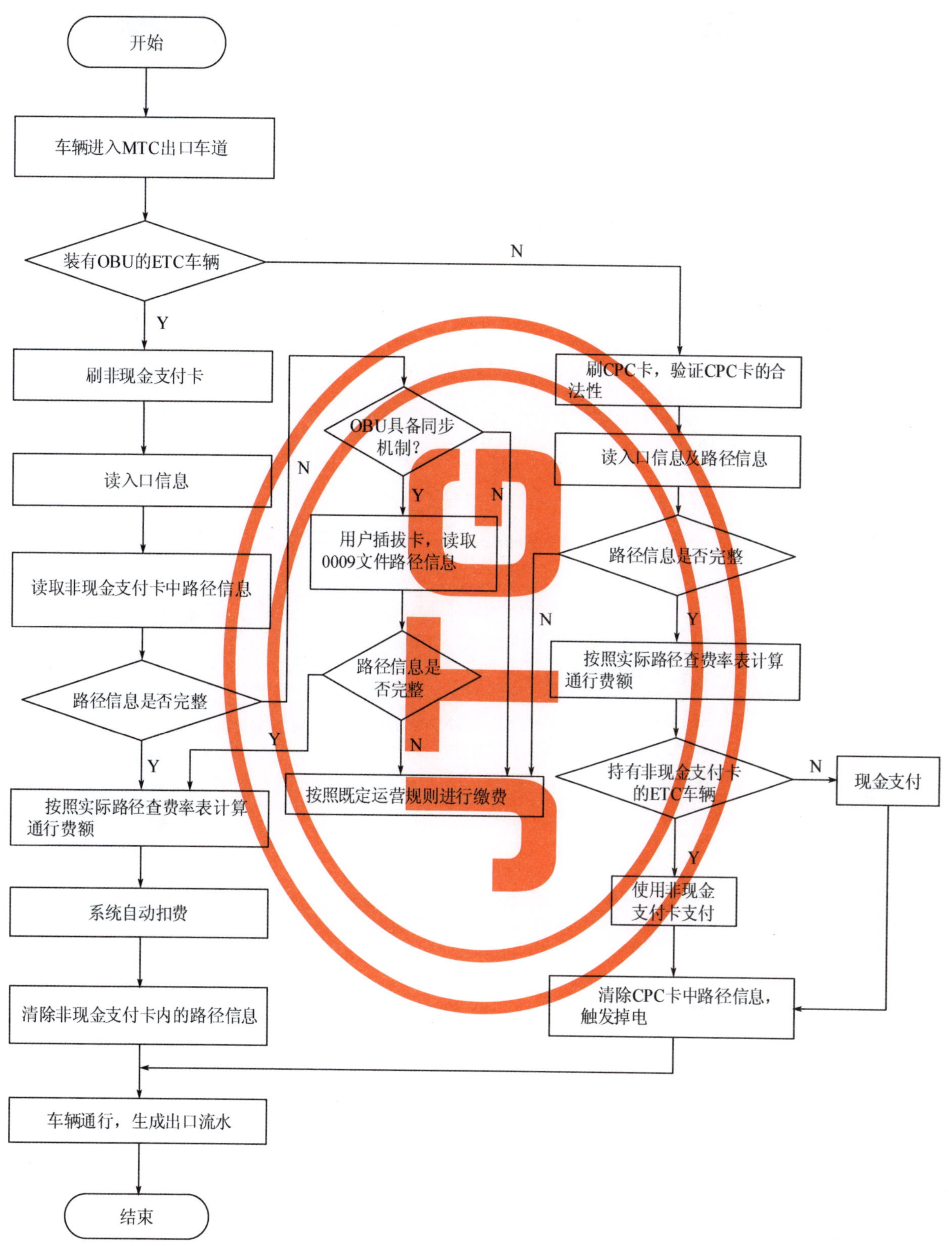

图 C-4 MTC 出口车道系统处理流程图

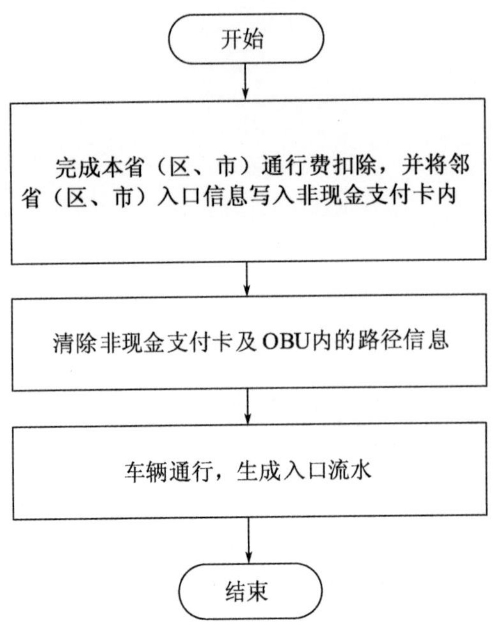

图 C-5　省(区、市)界共建站 ETC 车道系统处理流程图

附录 D　标识 RSU 对 OBU 和 CPC 卡的标识方案

OBU 与标识 RSU 间的 BST、VST 通信数据帧应符合附录 G.1 和附录 G.2 相关定义，其他通信数据帧格式及定义应符合 ETC 相关技术标准规范。CPC 卡与标识 RSU 间的通信数据帧应符合附录 G 相关规定。

为兼容既有已经发行的 OBU，标识 RSU 应按照表 D-1 发送 BST，通过 CPC 卡和 OBU 对数据帧不同的解析释义，实现对现有 OBU 和 CPC 卡的兼容。CPC 卡应同时支持和响应表 D-1 BST 数据帧格式和表 G-1 BST 数据帧格式。

表 D-1　BST 数据帧格式

<table>
<tr><th rowspan="2">数据长度</th><th rowspan="2">字　段</th><th>位</th><th colspan="2">描　述</th></tr>
<tr><th>b7　　b0</th><th>OBU</th><th>CPC 卡</th></tr>
<tr><td>1</td><td>帧起始标识</td><td>0111　1110</td><td>7E</td><td>同左</td></tr>
<tr><td>4</td><td>MAC 地址</td><td>1111　1111</td><td>广播地址</td><td>同左</td></tr>
<tr><td>1</td><td>MAC 控制域</td><td>0101　0000</td><td>下行链路、存在 LPDU、命令、广播信息并寻求建立专用链路</td><td>同左</td></tr>
<tr><td>1</td><td>LLC 控制域</td><td>0000　0011</td><td>类型 1，无确认无连接方式</td><td>同左</td></tr>
<tr><td>1</td><td>段字头</td><td>1xxx　x001</td><td>无分段。xxxx：PDU 号码，取值 0010_2。不得设定到 0000_2 或 0001_2。此处可填 0x91</td><td>同左</td></tr>
<tr><td rowspan="3">1</td><td>BST</td><td>1100</td><td>INITIALISATION. request</td><td>同左</td></tr>
<tr><td>Option indicator</td><td>0</td><td>不显示可选项</td><td>同左</td></tr>
<tr><td>Fill</td><td>000</td><td>填充位</td><td>同左</td></tr>
<tr><td>4</td><td>Rsu BeaconID</td><td>— — — —</td><td>包括 1 个字节 RSUmanufacturerID 和 3 个字节 RSUindividualID</td><td>同左</td></tr>
<tr><td>4</td><td>UNIXTime</td><td>— — — —</td><td>MSB 32bit Unix real time</td><td>同左</td></tr>
<tr><td>1</td><td>Profile INTEGER (0..127,...)</td><td>0ppp　cccc</td><td>RSU 支持的配置，无扩展
00H：A 类，通道 1　01H：A 类，通道 2
10H：B 类，通道 1　11H：B 类，通道 2
（ppp 表示配置号，cccc 表示射频通道号）</td><td>同左</td></tr>
</table>

续表 D-1

数据长度	字　段	位	描　述	
		b7　　b0	OBU	CPC 卡
1	MandApplications	0nnn nnnn	只有一个应用取值 1	同左
1	Option indicator	0	Dsrc-did 不显示	同左
	Option indicator	1	Parameter 存在	同左
	DsrcApplicationEntityID	00 0010	无扩展，AID = 1	同左
1	Option indicator	1	Container 存在	同左
	Icctransmode	xxx xxxx	RSU 支持的卡片交易模式	
1	Application parameter	0011 0001	Container Type = 0x29	同左
1	Option indicator1	0	不读取 0002 文件	保留
	Option indicator2	x	是否读取 0012 文件	0：链路标识 1：广播标识，携带广播标识信息
	Option indicator3	x	是否读取 0015 文件	是否读取 DF01\EF01 文件
	Option indicator4	x	是否读取 0019 文件	当 Option indicator2 为 0 时，该位指示是否读取 DF01\EF02；当 Option indicator2 为 1 时，该位指示是否读取 DF01\EF03
	Fill	0000	填充位，保留	保留
1	SysInfoFlieLength/CPC 卡 MF/EF01 预读	xxxx xxxx	系统信息文件预处理模式	MF/EF01 预读
2	Length0012/Route_info	xxxx xxxx xxxx xxxx	预读 0012 文件偏移量和长度，由 Op2 确定是否存在	两字节广播标识信息，按 0012 文件标准长度为 40 字节计算，可容纳 820 个标识点信息，由 Op2 确定是否存在
2	Length0015/Length-EF01	xxxx xxxx xxxx xxxx	预读 0015 文件偏移量和长度，由 Op3 确定是否存在	读取 EF01 文件偏移量和长度，由 Op3 确定是否存在
2	Length0019/Length-EF02/Length-EF03	xxxx xxxx xxxx xxxx	预读 0019 文件偏移量和长度，由 Op4 确定是否存在	读取 EF02 或 EF03 文件偏移量和长度，由 Op4 确定是否存在

续表 D-1

数据长度	字　　段	位	描　　述	
		b7　　b0	OBU	CPC 卡
1	ProfileList Sequence(0..127,…) of 8 和 Porfile	0000 0000	无扩展,列表中的配置文件号为 0	同左
2	FCS	— — — —	帧校验	同左
1	帧结束标识	0111 1110	7E	同左

标识 RSU 通过收到的 VST 数据帧中 MAC 地址的第一个字节判定是 OBU 还是 CPC 卡,进而发起不同的处理流程。

CPC 卡通过 BST 数据帧中 BeaconID 第一个字节判定是标识 RSU 还是收费车道 RSU,以做不同的响应。当判定是标识 RSU 时,则按照本技术要求流程进行响应;判定是收费车道 RSU 时,则应不予响应。

附录 E　标识 RSU 与 OBU 间的交互流程

E.1　兼容阶段 OBU 标识流程

为兼容既有已经发行的 OBU,标识 RSU 与 OBU 之间采用如图 E-1 所示的交互流程。详细过程如下:

1　标识 RSU 与 OBU 通过 BST/VST 完成交易初始化。

2　标识 RSU 与 OBU 通过 TransferChannel 指令完成路径信息写入 OBU 和非现金支付卡过程,文件读写步骤参见《收费公路联网电子不停车收费技术要求》。

3　为减少 DSRC 交互次数,标识 RSU 可采用 DSRC 数据帧拼接方式。

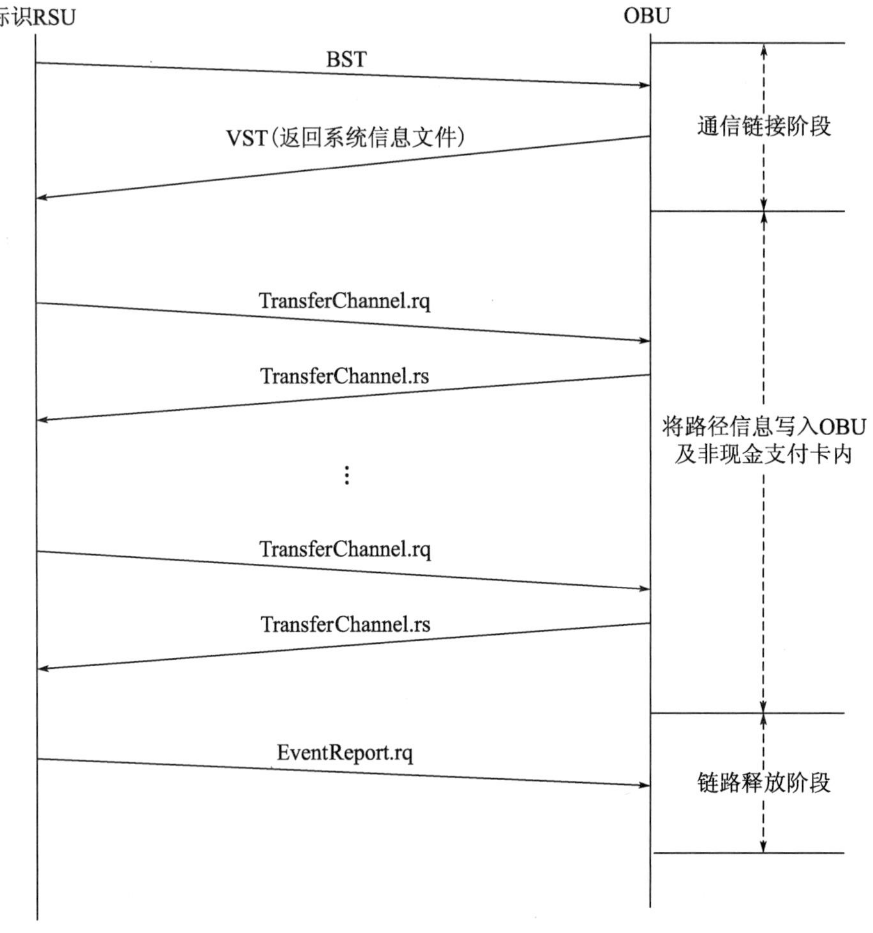

图 E-1　标识 RSU 与 OBU 间的交互流程

E.2 OBU 增加支持的广播标识流程

OBU 应增加支持如图 E-2 所示的广播标识流程。当确认所有 OBU 均支持该广播标识流程后，标识点 RSU 方可启用该流程。

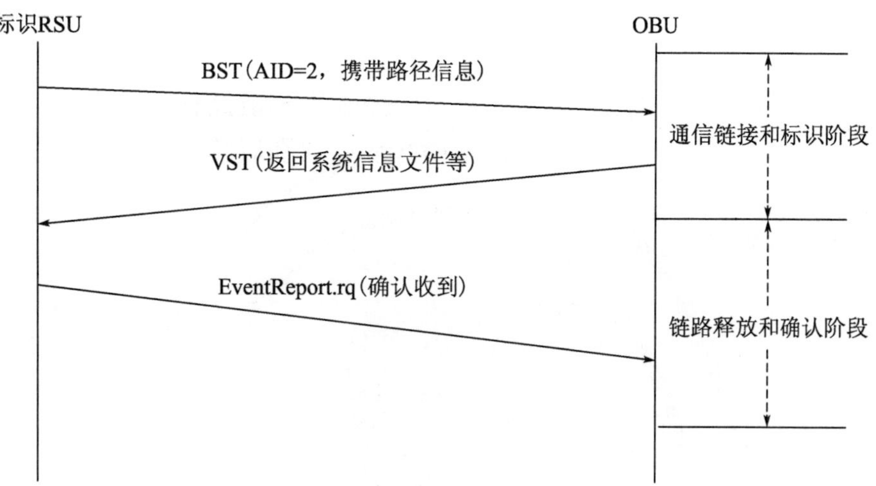

图 E-2　OBU 增加支持的广播标识流程

附录 F　标识 RSU 与 CPC 卡间的交互流程

标识 RSU 与 CPC 卡间的交互流程,分为广播标识和链路标识两种方式。CPC 卡通过读取标识 RSU 发出的广播 BST 数据帧中的标识位,判别后续发起的是广播标识流程还是链路标识流程。

广播标识流程如图 F-1 所示。

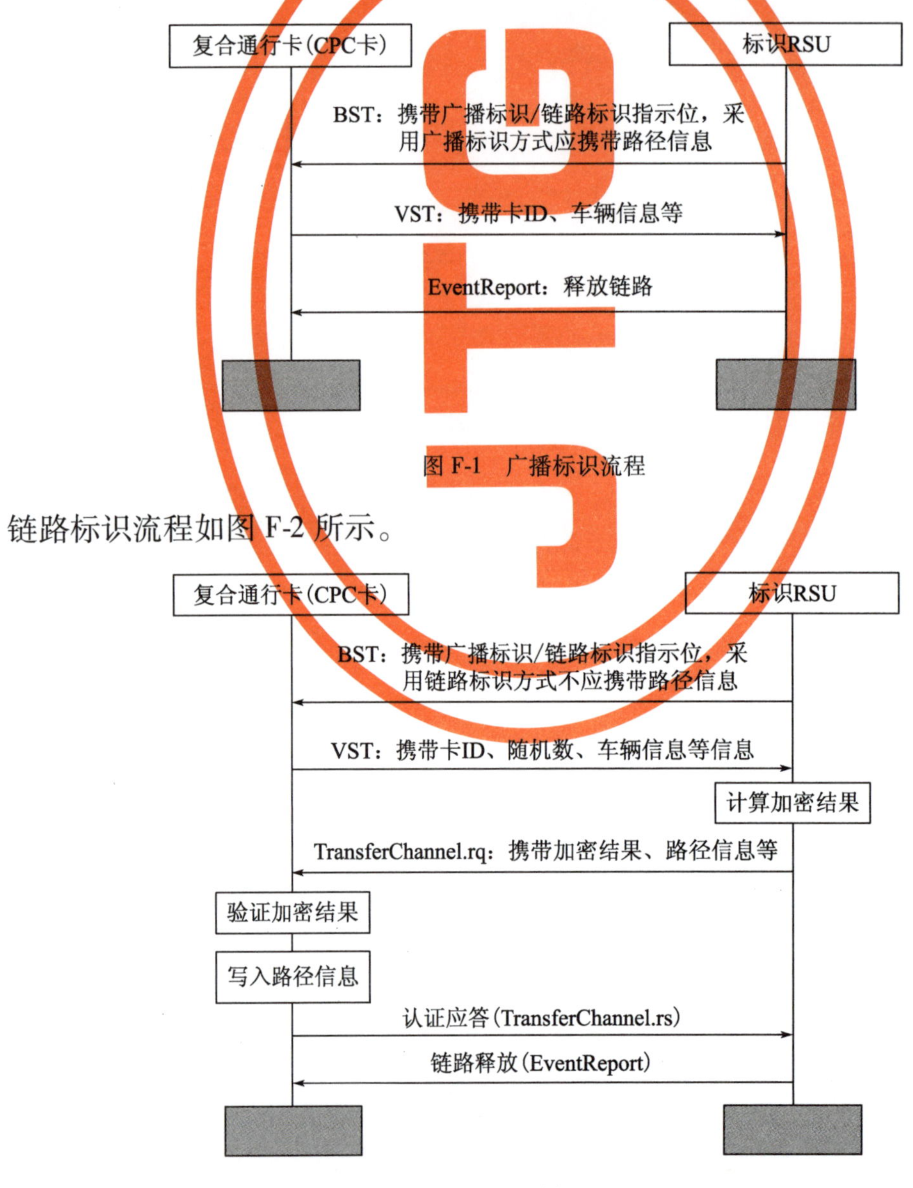

图 F-1　广播标识流程

链路标识流程如图 F-2 所示。

图 F-2　链路标识流程

附录 G　标识 RSU 与 OBU、CPC 卡间通信数据帧定义

G.1　BST

表 G-1　BST 数据帧定义

数据长度	字　段	位		描　述	
		b7	b0	OBU	CPC
1	帧起始标识	0111	1110	7E	同左
4	MAC 地址	1111	1111	广播地址	同左
1	MAC 控制域	0101	0000	下行链路、存在 LPDU、命令、广播信息并寻求建立专用链路	同左
1	LLC 控制域	0000	0011	类型 1,无确认无链连接方式	同左
1	段字头	1xxx	x001	无分段。xxxx：PDU 号码，取值 0010_2。不得设定到 0000_2 或 0001_2。此处可填 0x91	同左
1	BST	1100		INITIALISATION. request	同左
	Option indicator		0	不显示可选项	同左
	Fill		000	填充位	同左
4	Rsu BeaconID	— —	— —	包括 1 个字节 RSUmanufacturerID 和 3 个字节 RSUindividualID，厂商标识字节大于或等于 0xA0	同左
4	UNIXTime	— —	— —	MSB 32bit Unix real time，以:0 起算的秒数	同左
1	Profile INTEGER (0..127,...)	0ppp	cccc	RSU 支持的配置，无扩展 00H：A 类，通道 1 01H：A 类，通道 2 10H：B 类，通道 1 11H：B 类，通道 2 （ppp 表示配置号，cccc 表示射频通道号）	同左
1	MandApplications	0nnn	nnnn	只有一个应用取值 1	同左
1	Option indicator	0		Dsrc-did 不显示	同左
	Option indicator	1		Parameter 存在	同左
	DsrcApplicationEntityID	00	0010	无扩展，AID = 2（标识点）	同左

续表 G-1

数据长度	字　　段	位		描　　述	
		b7	b0	OBU	CPC
1	Option indicator Icctransmode	1 xxx	 xxxx	Container 存在 RSU 支持的卡片交易模式	同左
1	Application parameter	0011	0001	Container Type ＝ 0x31	同左
1	Option indicator1	x		是否读取 EF04 文件	是否读取 DF01\EF03
	Option indicator2	x		是否读取 0015 文件	是否读取 DF01\EF01
	Option indicator3	x		是否读取 0008 文件	是否读取 DF01\EF02
	Option indicator4	x		是否携带广播标识信息	同左
	Option indicator5		x	是否携带 Ack Parameter 参数	同左
	Option indicator		xxx	保留	
1	SysInfoFlieLength	xxxx	xxxx	系统信息文件长度	MF/EF01
2	Length-OP1	xxxx xxxx	xxxx xxxx	读取 EF04 文件偏移量和长度,建议获取标识点个数及最新路径信息,由 Op1 确定是否存在	读取 EF03 文件偏移量和长度,建议获取标识点个数及最新路径信息,由 Op1 确定是否存在
2	Length-OP2	xxxx xxxx	xxxx xxxx	读取 0015 文件偏移量和长度,由 Op2 确定是否存在	读取 EF01 文件偏移量和长度,由 Op2 确定是否存在
2	Length-OP3	xxxx xxxx	xxxx xxxx	读取 0008 偏移量和长度,建议获取标识点个数及最新路径信息,由 Op3 确定是否存在	读取的 EF02 文件偏移量和长度,建议获取标识点个数及最新路径信息,由 Op3 确定是否存在
2	Route_info	xxxx xxxx	xxxx xxxx	路径信息,由 Op4 确定是否存在	同左
2	Ack Parameter	xxxx xxxx	xxxx xxxx	单一下行帧最小回复次数 休眠时间(单位:s),由 OP5 确定是否存在	同左
1	ProfileList Sequence(0..127,…) of 8 和 Porfile	0000	0000	无扩展,列表中的配置文件号为 0	同左
2	FCS	———	—	帧校验	
1	帧结束标识	0111	1110	7E	

G.2 VST

表 G-2 VST 数据帧定义

数据长度	字　段	位	描　述	
		b7　　b0	OBU	CPC
1	帧起始标识	0111　1110	7E	同左
4	MAC 地址	— — — —	CPC 专用 MAC 地址(非全 1)	同左
1	MAC 控制域	1100　0000	上行链路、存在 LPDU、响应	同左
1	LLC 控制域	0000　0011	类型 1,无确认无链连接方式	同左
1	字段字头	1xxx　x001	无分段。xxxx：PDU 号码，取值 0010_2。不得设定到 0000_2或 0001_2	同左
1	VST	1101	INITIALISATION. response	同左
	Fill	0000	填充	同左
1	Profile INTEGER (0..127,...)	0ppp　cccc	RSU 支持的配置,无扩展 00H:A 类,通道 1 01H:A 类,通道 2 10H:B 类,通道 1 11H:B 类,通道 2 (ppp 表示配置号,cccc 表示射频通道号)	同左
1	ApplicationList	0000　00xx	应用列表数,至少为 1。阴影部分为可选应用列表	同左
1	Dsrc-DID Optional	1	did 显示	同左
	ApplicationContextMark Optional	1	parameter 存在	同左
	Aid	00　0010	无扩展，AID = 2(标识点)	同左
1	Did	0000　0001	1 号目录位路径识别应用目录	同左
1	Option indicator1	x	是否存在系统信息文件 MF/EF01	是否存在系统信息文件 MF\EF01
	Option indicator2	x	是否存在 EF04 文件	是否存在 DF01\EF03
	Option indicator3	x	是否存在 0015 文件	是否存在 DF01\EF01
	Option indicator4	x	是否存在 0008 文件	是否存在 DF01\EF02
	Option indicator5	x	是否携带随机数。当 BST 指示为广播标识时,VST 不应携带随机数,即 OP5 值应为 0	同左
	Fill	xxx	保留	同左

续表 G-2

数据长度	字　段	位		描　述	
		b7	b0	OBU	CPC
1	SysInfoFlieLength	xxxx	xxxx	系统信息文件长度	同左
n	SysInfoFlie	— —	— —	系统信息文件内容	同左
1	Length-OP2	xxxx	xxxx	读取 EF04 文件长度	读取 EF03 文件长度
n	OP2File-info	— —	— —	EF04 文件内容	EF03 文件内容
1	Length-OP3	xxxx	xxxx	读取 0015 文件长度	读取 EF01 文件长度
n	OP3File-info	— —	— —	0015 文件内容	EF01 文件内容
1	Length-OP4	xxxx	xxxx	读取 0008 文件长度	读取 EF02 文件长度
n	OP4File-info	— —	— —	0008 文件内容	EF02 文件内容
8	Random Number	— —	— —	随机数由卡片生成用于对天线的认证	同左
1	EquipmentClass	a 000		a:1,OBU 保留	a:0,CPC 卡 保留
	EquipmentVersion		0000	硬件版本	同左
2	EquipmentStatus	a bcd 0000	e f g h 0000	参照 ETC 相关技术标准规范	a:0-电池正常, 1-电池电量低 bcdefgh 保留 保留
2	FCS	— —	— —	帧校验	
1	帧结束标志	0111	1110	7E	

G.3　TRANSFERCHANNEL. rq

表 G-3　TRANSFERCHANNEL. rq 数据帧定义

数据长度	字　段	位		描　述
		b7	b0	
1	帧起始标识	0111	1110	7E
4	MAC 地址	— —	— —	CPC 卡专用 MAC 地址
1	MAC 控制域	0100	0000	下行链路、存在 LPDU、命令
1	LLC 控制域	0111	0111	类型 3

续表 G-3

数据长度	字 段	位 b7 b0	描 述
1	段字头	1xxx x001	无分段。xxxx：PDU 号码，取值 0010_2。不得设定到 0000_2 或 0001_2。此处可填 0x91
1	Action-Request	0000	Action. request
	accessCredentials	0	0 无需认证
	actionParamter	1	1 有参数
	IID	0	无 IID
	mode	1	1 需应答
1	DID	0000 0001	1 号目录位路径识别应用目录
1	ActionType	0000 0011	TransferChannel ActionType = 3
1	ChannelRq	0001 1000	Container = 0x18
1	channelID	0000 0000	路径识别通道 0x00
1	APDULIST	0000 0001	APDU 指令的数量，值取 1
1	APDU 1 length	— — — —	指令 1 的长度，值取 0x13
16	EncryptionData	— — — —	天线使用 SM4 、外部认证密钥（外部认证根密钥经卡 ID 分散后得出）对随机数进行加密运算
2	Route_info	— — — —	路径信息
1	Sleep Interval		“建议休眠时长”用于指示 CPC 卡本次标识成功后，可以不再被唤醒的时长。0 为不休眠，1 ~ 254 为可休眠 1 ~ 254min。255 为无需再唤醒
2	FCS	— — — —	帧校验
1	帧结束标识	0111 1110	7E

G.4 TRANSFERCHANNEL. rs

表 G-4 TRANSFERCHANNEL. rs 数据帧定义

数据长度	字段	位 b7 b0	描 述
1	帧起始标识	0111 1110	7E
4	MAC 地址	— — — —	OBU 专用 MAC 地址
1	MAC 控制域	1110 0000	上行链路、存在 LPDU、响应
1	LLC 控制域	1111 0111	类型 3，第 8 位与 TransferChannel. rq 交替
1	状态子域	0000 0000	类型 3 操作的响应信息域
1	段字头	1xxx x001	无分段。xxxx：PDU 号码，取值 0010_2。不得设定到 0000_2 或 0001_2。此处可填 0x91

续表 G-4

数据长度	字　段	位 b7　　b0	描　述
1	Action-Response	0001　1000	Action. response，存在 responseParameter
1	DID	0000　0001	1 号目录位路径识别应用目录
1	ChannelRs	0001　1001	Container = 0x19
1	channelID	0000　0000	路径识别通道 0x00
1	DATALIST	0000　0001	返回数据的数量,值取 0x00
1	ReturnStatus	— — — —	CPC 卡处理状态,0x00:正常;0x01:外部认证失败
2	FCS	— — — —	帧校验
1	帧结束标识	0111　1110	7E

G.5　EVENTREPORT

表 G-5　EVENTREPORT 数据帧定义

数据长度	字　段	位 b7　　b0	描　述
1	帧起始标识	0111　1110	7E
4	MAC 地址	— — — —	CPC 卡专用 MAC 地址
1	MAC 控制域	0100　0000	下行链路、存在 LPDU、命令
1	LLC 控制域	0000　0011	类型 1
1	段字头	1xxx　x001	无分段。xxxx：PDU 号码,取值 00102。不得设定到 00002 或 00012。此处可填 0x91
1	Event_Report-Request	0110	Event_Report. request
	accessCredentials	0	0 无需认证
	actionParamter	0	无参数
	IID	0	无 IID
	mode	0	无需应答
1	DID	0000　0000	与应用无关,DID = 0
1	EventType	0000　0000	Release = 0
2	FCS	— — — —	帧校验

附录 H　CPC 卡出/入口车道交互流程

H.1　CPC 卡封闭式入口交互流程

CPC 卡封闭式入口交互流程见表 H-1。

表 H-1　CPC 卡封闭式入口交互流程

CPC 卡		13.56MHz 读写器		PSAM 卡	备注
卡片复位	←	复位 CPC 卡			
	←	读 CPC 基本信息文件 EF02			
返回 EF02 文件	→	获得 EF02 文件内容，系统解析卡片电量等信息并做出判断			
	←	读系统信息文件 EF01			
返回 EF01 文件	→	获得 EF01 文件内容			
		将卡号发给 PSAM 分散密钥	→	Delivery Key	
		确认分散密钥成功	←	分散密钥成功	
	←	选择 DF01 应用			
进入 DF01 应用	→				
	←	取 8 字节随机数 Rnd1			
返回随机数 Rnd1	→	将 Rnd1 后面补充 8 字节 00 后组成 16 字节输入数据，发给 PSAM 加密	→	Cipher Data	
	←	$UK1_{_DF01}$外部认证	←	返回加密结果	
返回外部认证结果	→	确认外部认证成功			
	←	写入口信息文件 EF01			
返回写入口信息结果	→	确认成功写入			
	←	清除路径信息文件 EF02 或 EF03 文件内容			
更新 EF02 或 EF03 文件	→	确认清除路径信息成功			
卡片复位	←	复位 CPC 卡			

H.2 CPC 卡封闭式出口交互流程

CPC 卡封闭式出口交互流程见表 H-2。

表 H-2 CPC 卡封闭式出口交互流程

CPC 卡		13.56MHz 读写器		PSAM 卡	备注
卡片复位	←	复位 CPC 卡			
	←	读系统信息文件 EF01			
返回 EF01 文件	→	获得 EF01 文件内容			
		将卡号发给 PSAM 分散密钥	→	Delivery Key	
		确认分散密钥成功	←	分散密钥成功	
	←	选择 DF01 应用			
进入 DF01 应用	→				
	←	取 8 字节随机数 Rnd1			
返回随机数 Rnd1	→	将 Rnd1 后面补充 8 字节 00 后组成 16 字节输入数据，发给 PSAM 加密	→	Cipher Data	
	←	$UK1_{\_DF01}$ 外部认证	←	返回加密结果 1	
返回外部认证结果	→	确认外部认证成功			
内部认证指令	←	产生 8 字节随机数 Rnd2，Rnd2 后面补充 8 字节 00 后组成 16 字节作为内部认证指令的输入数据			
返回加密结果 2	→	接收加密结果 2			
		将卡号发给 PSAM 分散密钥	→	Delivery Key	
		确认分散密钥成功	←	分散密钥成功	
		将随机数 2 发给 PSAM 加密	→	Cipher Data	
		对比加密结果 2 与加密结果 2'，若一致则内部认证成功	←	返回加密结果 2'	
	←	读入出口信息文件 EF01			
返回 EF01 文件	→	获得 EF01 文件内容			
	←	更新入出口信息文件 EF01 第 24 字节为出口状态			
返回写出口信息结果	→	确认成功写入			
	←	读路径信息文件 EF02 或 EF03			
返回 EF02 或 EF03 文件内容	→	获得 EF02 或 EF03 文件内容			
	←	按规则缴费后，清除路径信息 EF02 或 EF03 文件内容			
更新 EF02 或 EF03 文件	→	确认清除路径信息成功			
卡片复位	←	复位 CPC 卡			

附录 I　CPC 卡发行流程

CPC 卡在出厂前应按本技术要求建立完整的文件结构,并写入所有初始密钥及必要的文件内容。其中,初始卡片主控密钥及初始应用主控密钥的值需厂商与发行方约定。基于此,CPC 卡发行流程见表 I-1。

表 I-1　CPC 卡发行流程

CPC 卡		13.56MHz 读写器		母卡或加密机	备　注
卡片复位	←	复位 CPC 卡			
返回复位信息	→				
Get SN	←	读取芯片序列号 Get SN			
返回芯片序列号	→	获得芯片序列号 SN			
取 4 字节随机数	←	取 4 字节随机数			
返回 4 字节随机数	→	获得 4 字节随机数	→	导出卡片主控密钥	以(SN ‖ SN)为分散因子
Update Key	←	更新卡片主控密钥	←	获得卡片主控密钥	
返回成功确认	→	确认更新卡片主控密钥成功			
取 4 字节随机数	←	取 4 字节随机数			
返回 4 字节随机数	→	获得 4 字节随机数	→	据 CPC 卡芯片序列号及 ID 号导出卡片维护密钥	发行系统为 CPC 卡分配 ID 号,作为卡片维护密钥分散因子
Update Key	←	更新卡片维护密钥	←	获得卡片维护密钥	
返回成功确认	→	确认更新卡片维护密钥成功			
取 4 字节随机数	←	取 4 字节随机数			发行系统组织系统信息文件内容
返回 4 字节随机数	→	获得 4 字节随机数		以随机数后面以 00h 补齐作为初始值,计算 MAC	
更新系统信息文件	←	更新 CPC 卡系统信息文件			
返回确认	→	确认更新系统信息文件成功			
	←	选择 DF01 应用			

续表 I-1

CPC 卡		13.56MHz 读写器		母卡或加密机	备　　注
进入 DF01 应用	→				
取 4 字节随机数	←	取 4 字节随机数			
返回 4 字节随机数	→	获得 4 字节随机数	→	导出应用主控密钥	以(SN ‖ SN)为分散因子
Update Key	←	更新应用主控密钥	←	获得应用主控密钥	
返回成功确认	→	确认更新应用主控密钥成功			
取 4 字节随机数	←	取 4 字节随机数			
返回 4 字节随机数	→	获得 4 字节随机数	›	据 CPC 卡芯片序列号及 ID 号导出应用维护密钥	以 ID 号作为应用维护密钥分散因子
Update Key	←	更新应用维护密钥	←	获得应用维护密钥	
返回成功确认	→	确认更新应用维护密钥成功			
		DF01 其他应用密钥按照类似应用维护密钥的更新过程进行更新			
卡片复位	←	复位 CPC 卡			系统生成发行记录

附录J　安全计算

J.1　安全计算方法

安全计算涉及 CPC 卡中的所有计算类型,包括数据加密计算、普通 MAC 计算等。MAC 总是命令或命令响应数据域中最后一个数据元素。

J.1.1　密钥分散计算方法

密钥分散通过分散因子产生子密钥。

分散因子为 8 字节,将主密钥 MK 对分散因子进行处理,推导出一个 16 字节长度的子密钥 DK(图 J-1)。推导 DK 的方法是:

第一步:将分散因子按位取反,按照“分散因子”‖“分散因子的反”的顺序连接在一起,组成 16 字节输入因子。

第二步:将 MK 作为加密密钥。

第三步:用 MK 对输入数据进行 DEA 加密运算。

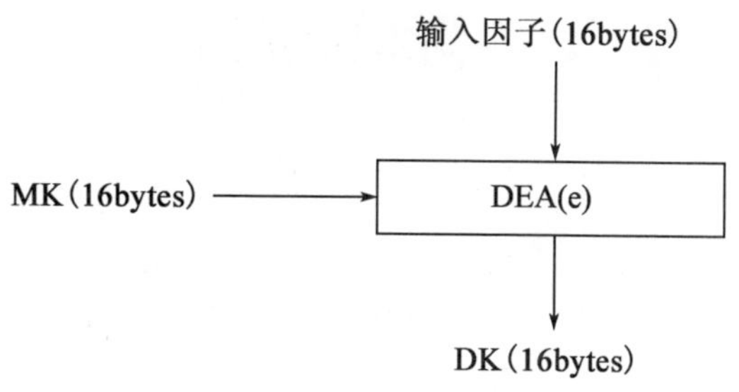

图 J-1　数据分组长度为 16 字节的推导 DK 算法

J.1.2　数据加密的计算方法

按照如下方式对数据进行加密:

第一步:LD(1 字节)表示明文数据的长度,在明文数据前加上 LD 产生新的数据块。

第二步:将该数据块分成 16 字节为单位的数据块,表示为 BLOCK1、BLOCK2、BLOCK3、BLOCK4 等。最后的数据块有可能是 1 ~ 16 个字节。

第三步:如果最后(或唯一)的数据块的长度是 16 字节的话,转到第四步;如果不足 16 字节,则在其后加入 16 进制数‘80’,如果达到 16 字节长度,则转到第四步;否则在其后加入 16 进制数‘00’直到长度达到 16 字节。

第四步:按照图 J-2 所示的算法使用指定密钥对每一个数据块进行加密。

第五步:计算结束后,所有加密后的数据块依照原顺序连接在一起。

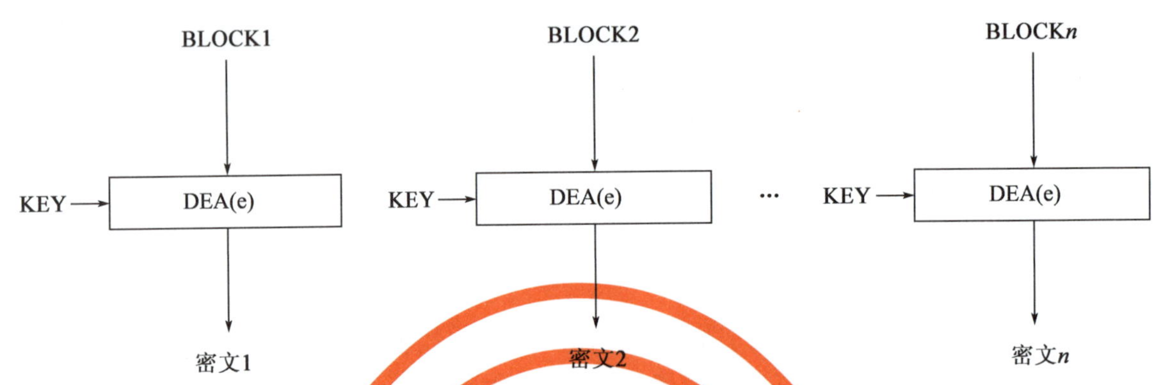

图 J-2 数据分组长度为 16 字节的 DEA 数据加密算法

J.1.3 命令安全报文中的 MAC 计算方法

命令安全报文中的 MAC 是使用命令的所有元素(包括命令头和命令数据域中的数据)来产生的,以保证命令连同数据能够正确完整地传送,并对发送方进行认证。

按照如下方式使用 DEA 加密方式产生 MAC:

第一步:终端通过向 IC 卡发 GETCHALLENGE 命令获得一个 4 字节随机数,后补 12 字节十六进制数'00'作为初始值。

第二步:将 5 字节命令头(CLA,INS,P1,P2,Lc)和命令数据域中的明文或密文数据连接在一起形成数据块。注意,这里的 Lc 应是数据长度加上将计算出的 MAC 的长度(4 字节)后得到的实际长度。

第三步:将该数据块分成 16 字节为单位的数据块,表示为 BLOCK1、BLOCK2、BLOCK3、BLOCK4 等。最后的数据块有可能是 1 ~16 个字节。

第四步:如果最后的数据块的长度是 16 字节,则在该数据块之后再加一个完整的 16 字节数据块'80 00 00 00 00 00 00 00 00 00 00 00 00 00 00 00',转到第五步。

第五步:如果最后的数据块的长度不足 16 字节,则在其后加入 16 进制数'80',如果达到 16 字节长度,则转到第五步;否则接着在其后加入 16 进制数'00'直到长度达到 16 字节。按图 J-3 所示的算法对这些数据块使用指定密钥进行加密来产生 MAC。

第六步:最终取计算结果(高 4 字节)作为 MAC。

J.2 数据的安全计算步骤

数据的安全计算主要有:SM4 加密、SM4 MAC 计算。

PSAM 卡中完成数据的安全计算应经过两个步骤:

1 使用 DELIVERY KEY 命令,在卡内准备好参与计算的密钥。

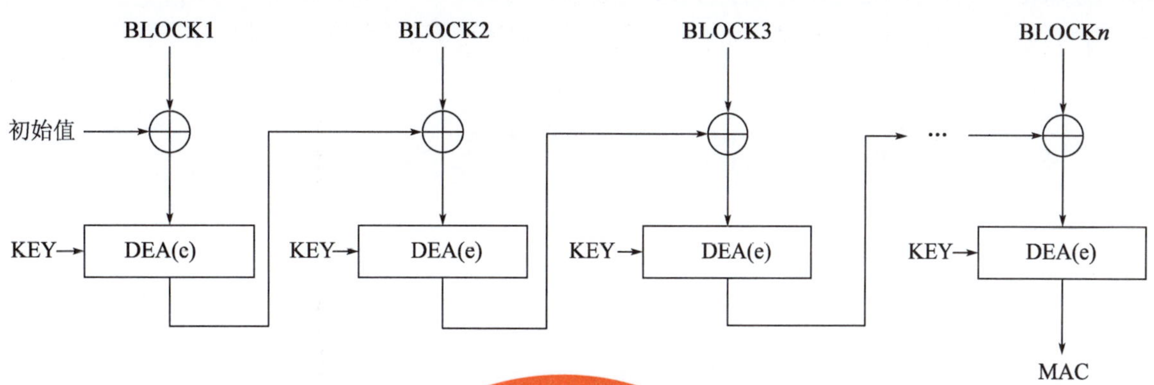

图 J-3　安全报文中数据分组长度为 16 字节的 MAC 算法

2　使用 CIPHER DATA 命令,用产生的临时密钥对外部提供的数据进行处理。

附录 K　PSAM 卡数据格式和技术要求

K.1　PSAM 卡基本要求

K.1.1　基本功能要求

PSAM 卡应满足如下功能要求：

1　具有 COS 的接触式 CPU 卡；

2　支持一卡多应用，各应用之间相互独立；

3　支持多种文件类型，包括二进制文件、定长记录文件、变长记录文件、循环文件；

4　采用硬件真随机数发生器；

5　在通信过程中支持多种安全保护机制（信息的机密性和完整性保护）；

6　支持多种安全访问方式和权限（认证功能和口令保护）；

7　支持 SM4 算法；

8　PSAM 卡应支持多级密钥分散机制，用分散后的密钥作为临时密钥对数据进行加密、解密、MAC 等运算，以完成终端与卡片之间的合法性认证等功能。

K.1.2　基本参数要求

PSAM 卡应满足如下参数要求：

1　非易失性存储器容量不应低于 8kbytes；

2　卡片应支持 $T=0$ 通信协议；

3　卡片应支持多种速率选择，握手通信速率从 9 600bit/s 开始，符合 PPS 协议，并应支持 57 600bit/s 及以上的通信速率；

4　卡片外部时钟应不低于 7.5MHz；

5　卡片至少应支持工作电压：2.7 ~ 3.3V，对应的工作电流不超过 6mA；

6　卡片工作温度：一般要求 -25 ~ +70℃（寒区 -40 ~ +70℃），存储温度：-40 ~ +85℃，相对工作湿度：10% ~ 95%。

K.1.3　其他要求

卡片物理特性、电气特性和安全特性等应通过具有相关检测资质的第三方机构的检测。

K.2 PSAM 卡数据格式

PSAM 文件结构如图 K-1 所示。

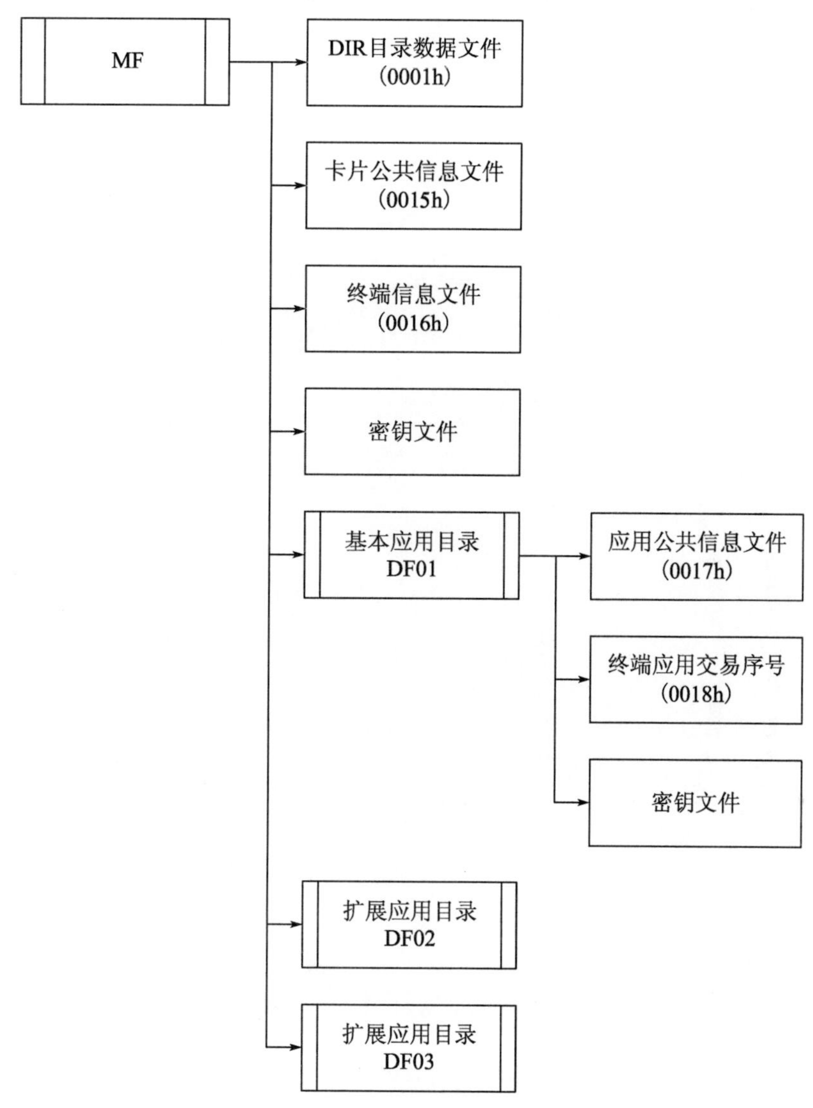

图 K-1 PSAM 卡文件结构

K.2.1 PSAM 卡详细文件结构说明

PSAM 卡详细文件结构见表 K-1。

表 K-1 PSAM 卡详细文件结构

文件名称	文件类型	文件标识符	读权	写权	备 注
MF	主文件	3F00	建立权：$MK_{\_MF}$		厂商交货时已经建立
密钥文件	密钥文件	—	禁止	增加密钥权：$MK_{\_MF}$	通过卡片主控密钥 $MK_{\_MF}$ 采用密文 + MAC 方式写入密钥

续表 K-1

文件名称	文件类型	文件标识符	读权	写权	备　注
DIR 目录数据文件	变长记录	0001	自由	$AMK_{\_MF}$	自由读，写时使用卡片维护密钥进行线路保护（明文 + MAC）
卡片公共信息文件	二进制文件	0015	自由	$AMK_{\_MF}$	自由读，写时使用卡片维护密钥进行线路保护（明文 + MAC）
终端信息文件	二进制文件	0016	自由	$AMK_{\_MF}$	自由读，写时使用卡片维护密钥进行线路保护（明文 + MAC）
DF01 收费公路联网收费多义性路径识别应用	目录文件	DF01	建立权：$MK_{\_MF}$	擦除权：$MK_{\_MF}$	卡片主控密钥 $MK_{\_MF}$ 认证通过后可以建立和擦除文件
密钥文件	密钥文件	—	禁止	增加密钥权：$MK_{\_DF01}$	DF01 应用密钥采用密文 + MAC 方式写入
应用公共信息文件	二进制文件	0017	自由	$AMK_{\_DF01}$	自由读，写时使用应用维护密钥 $AMK_{\_DF01}$ 进行线路保护（明文 + MAC）
终端应用交易号数据元	二进制文件	0018	自由	不可写，COS 维护	用于存储终端交易序号，由 COS 维护
DF02 预留目录 1	目录文件	DF02	建立权：$MK_{\_MF}$	擦除权：$MK_{\_MF}$	卡片主控密钥 $MK_{\_MF}$ 认证通过后可以建立和擦除文件
DF03 预留目录 2	目录文件	DF03	建立权：$MK_{\_MF}$	擦除权：$MK_{\_MF}$	卡片主控密钥 $MK_{\_MF}$ 认证通过后可以建立和擦除文件

密钥用途与用法：

1　应用主控密钥在卡片主控密钥的线路保护控制下装载（密文 + MAC）；

2　应用主控密钥在自身的控制下更新（密文 + MAC）；

3　本密钥文件下其他密钥在应用主控密钥的线路保护控制下装载、更新（密文 + MAC）；

4　应用主控密钥外部认证通过后，可以在 DF01 目录下进行文件创建；

5　应用维护子密钥用于 DF01 区域的应用数据维护。

K.2.2　MF 下的卡片公共信息文件结构

MF 下卡片公共信息文件结构见表 K-2。

表 K-2　MF 下卡片公共信息文件结构

文 件 标 识		0015
文件类型		二进制文件
文件大小		14 字节
文件存取控制	读 = 自由	写 = AMK_{-MF}线路保护写(明文 + MAC)
字节	数据元	长度(字节)
1 ~ 10	PSAM 序列号	10
11	PSAM 版本号	1
12	密钥卡类型	1
13 ~ 14	发卡方自定义 FCI 数据	2

K.2.3　MF 下的终端信息文件

MF 下的终端信息文件见表 K-3。

表 K-3　MF 下的终端信息文件

文 件 标 识		0016
文件类型		二进制文件
文件大小		6 字节
文件存取控制	读 = 自由	写 = AMK_{-MF}线路保护写(明文 + MAC)
字节	数据元	长度(字节)
1 ~ 6	终端机编号	1 ~ 6

K.2.4　DF01 下的应用公共信息文件

DF01 下的应用公共信息文件见表 K-4。

表 K-4　DF01 下的应用公共信息文件

文 件 标 识		0017
文件类型		二进制文件
文件大小		25 字节
文件存取控制	读 = 自由	写 = AMK_{-DF01}线路保护写(明文 + MAC)
字节	数据元	长度(字节)
1	密钥索引号	1
2 ~ 9	发行方标识	8
10 ~ 17	应用区域标识	8
18 ~ 21	应用启用日期	4
22 ~ 25	应用有效日期	4

K.3 PSAM 卡密钥说明

K.3.1 密钥定义

PSAM 卡中,所有密钥都以记录的形式存储在密钥文件中。每一条密钥包括用途、标识/版本、算法标识和密钥数据等参数信息。

PSAM 卡中包括以下几种密钥类型:

1 00h:主控密钥;

2 01h:维护密钥;

3 08h:MAC、加密密钥,能进行 MAC 和数据加密运算。

密钥用途字节的高 3 位表示密钥分散级数,如:48h 的高 3 位为 010,即 10 进制的 2,表示该消费密钥支持 2 级分散。

K.3.2 DF01 下的密钥文件结构

DF01 下的密钥文件结构见表 K-5。

表 K-5 DF01 下的密钥文件结构

密 钥 名 称	密钥用途	密钥标识	密钥大小	算法标识	错误计数器
应用 1 主控密钥 $MK_{\_DF01}$	00	00	10H	—	3
应用 1 维护密钥 $1AMK1_{\_DF01}$	01	01	10H	00	3
CPC 卡外部认证密钥 1 $UK1_{\_DF01}$	48	44	10H	04	—
CPC 卡外部认证密钥 2 $UK2_{\_DF01}$	48	45	10H	04	—
CPC 卡内部认证密钥 1 $IK2_{\_DF01}$	48	46	10H	04	—

注:收费车道 PSAM 卡应装载上述所有密钥,标识点 PSAM 卡只装载应用 1 主控密钥 $MK_{\_DF01}$、应用 1 维护密钥 $1AMK1_{\_DF01}$ 和 CPC 卡外部认证密钥 2 $UK2_{\_DF01}$。

K.4 应用系统的兼容性

K.4.1 密钥分散

针对 ETC 车辆,收费公路联网收费多义性路径识别系统应按照 ETC 相关技术标准执行;针对 MTC 车辆,收费公路联网收费多义性路径识别系统采用两级密钥分散,分散代码见 11.1.7。

K.4.2 扩展目录使用

PSAM 卡中,包含 3 个应用目录(ADF),其中基本应用目录(DF01h)为收费公路联网收费多义性路径识别应用目录,其中装载多义性路径识别应用的各种密钥。另外两个为扩展应用目录(DF02h、DF03h)为地方发行的区域应用目录,其文件结构和密钥装载由地方负责,仅在区域内部使用。其中 DF02 目录下的应用主控密钥缺省为 16 个字节的“22h”,DF03 目录的缺省应用主控密钥为 16 个字节的“33h”。

K.5 PSAM 卡应用命令集

K.5.1 基本命令

K.5.1.1 EXTERNAL AUTHENTICATION 命令

1 命令描述

EXTERNAL AUTHENTICATION 命令的目的是 PSAM 卡验证外部接口设备的有效性,使接口设备对 PSAM 卡获得某种操作授权。

接口设备提供的认证数据应按以下规则产生:

1) Lc = ‘08’;

2) 用 GET CHALLENGE 命令向 IC 卡申请一组随机数;

3) 用指定密钥对随机数作加密计算,产生认证数据,计算方法见附录 J.1。

2 使用条件和安全

EXTERNAL AUTHENTICATION 命令所使用的密钥(由 P2 参数指定)应满足密钥的访问权限。密钥验证失败时计数器减 1,当计数器减为‘0’值时,密钥被锁定。

3 命令格式

EXTERNAL AUTHENTICATION 命令报文格式见表 K-6。

表 K-6 EXTERNAL AUTHENTICATION 命令报文格式

代码	数 值								
CLA	‘00’								
INS	‘82’								
P1	‘00’								
P2	b8	b7	b6	b5	b4	b3	b2	b1	说 明
	0	x	x	x	x	x	x	x	全局密钥标识
	1	x	x	x	x	x	x	x	局部密钥标识
	0	0	0	0	0	0	0	0	当前 DF 下的 MK
Lc	‘08’								
DATA	认证数据(8 字节)。该数据是用 P2 指定的密钥对此命令前一条命令“GET CHALLENGE”命令获得的随机数做 SM4 加密运算产生的 16 字节密文前后 8 字节异或的结果								
Le	不存在								

4 响应信息

EXTERNAL AUTHENTICATION 命令响应状态码见表 K-7。

表 K-7 响应信息中的状态码

SW1	SW2	说　明
‘90’	‘00’	命令执行成功
‘63’	‘Cx’	认证失败,还可认证 x 次
‘65’	‘81’	写 EEPROM 失败
‘67’	‘00’	Lc 长度错误
‘69’	‘82’	不满足安全状态
‘69’	‘83’	认证密钥锁定
‘69’	‘84’	引用数据无效(未申请随机数)
‘69’	‘85’	使用条件不满足
‘6A’	‘81’	功能不支持
‘6A’	‘86’	P1、P2 参数错
‘6A’	‘88’	未找到密钥数据
‘6D’	‘00’	命令不存在
‘6E’	‘00’	CLA 错
‘93’	‘03’	应用永久锁定

K.5.1.2 SELECT FILE 命令

1　命令描述

SELECT FILE 命令通过文件标识或应用名选择 PSAM 卡中的 MF、ADF 或 EF 文件。

成功执行该命令设定 MF 或 ADF 的路径,后续命令作用于与用 SFI 选定的 DDF 或 ADF 相联系的 AEF。

从 IC 卡返回的应答报文包含回送 FCI,FCI 数据从数据分组中获得。

2　使用条件和安全

SELECT FILE 命令无使用条件限制。该命令不能用于选择安全文件(SF)。

3　命令格式

SELECT FILE 命令报文格式见表 K-8。

表 K-8 SELECT FILE 命令报文格式

代码	数　值
CLA	‘00’
INS	‘A4’
P1	‘00’通过 FID 选择 DF、EF,当 Lc =‘00’时,选 MF ‘04’通过 DF 名选择应用
P2	‘00’ ‘02’选择下一个文件(P1 = 04h 时)
Lc	P1 =‘00’时,Lc =‘00’或‘02’ P1 =‘04’时,Lc =‘01’~‘10’
DATA	文件标识符(FID——2 字节) 应用名(App-Name,P1 =‘04’)
Le	FCI 文件的信息长度(选择 DF 时)

4 响应信息

成功选择 ADF 后回送的 FCI 见表 K-9。

表 K-9 成功选择 ADF 后回送的 FCI

标 签	值		存 在 性
'6F'	FCI 模板		M
	'84'	DF 名	M

响应信息中的状态码见表 K-10。

表 K-10 响应信息中的状态码

SW1	SW2	说 明
'90'	'00'	命令执行成功
'62'	'83'	选择文件无效
'62'	'84'	FCI 格式与 P2 指定的不符
'64'	'00'	标志状态位没变
'67'	'00'	Lc 长度错误
'6A'	'81'	功能不支持
'6A'	'82'	未找到文件
'6A'	'86'	P1、P2 参数错
'6A'	'87'	Lc 与 P1、P2 不匹配
'6D'	'00'	命令不存在
'6E'	'00'	CLA 错
'93'	'03'	应用永久锁定

K.5.1.3 READ RECORD 命令

1 命令描述

READ RECORD 命令读记录文件中指定的记录。

2 使用条件和安全

READ RECORD 命令的执行应满足相应文件的读条件和读属性。

3 命令格式

READ RECORD 命令报文格式见表 K-11。

表 K-11 READ RECORD 命令报文格式

代 码	值
CLA	'00'
INS	'B2'
P1	记录的序号
P2	引用控制参数(见表 K-12)
Lc	不存在
Data	不存在
Le	'00'

READ RECORD 命令引用控制参数见表 K-12。

表 K-12　READ RECORD 命令引用控制参数

b8	b7	b6	b5	b4	b3	b2	b1	含义
x	x	x	x	x				SFI
					1	0	0	P1 为记录的序号

4　响应信息

所有执行成功的 READ RECORD 命令响应报文数据域由读取的记录组成。

响应信息状态码见表 K-13。

表 K-13　响应信息中可能返回的状态码

SW1	SW2	说　　明
'90'	'00'	命令执行成功
'61'	'xx'	还有 xx 字节需要返回
'65'	'81'	写 EEPROM 失败
'67'	'00'	Lc 长度错误
'69'	'81'	当前文件不是记录文件
'69'	'82'	不满足安全状态
'69'	'83'	认证密钥锁定
'69'	'84'	引用数据无效(未申请随机数)
'69'	'85'	使用条件不满足
'69'	'86'	没有选择当前文件
'69'	'88'	安全信息(MAC 和加密)数据错误
'6A'	'81'	功能不支持
'6A'	'82'	未找到文件
'6A'	'83'	未找到记录
'6A'	'85'	Lc 与 TLV 结构不匹配
'6A'	'86'	P1、P2 参数错
'6A'	'88'	未找到密钥数据
'6C'	'xx'	Le 长度错误,'xx'表示实际长度
'6D'	'00'	命令不存在
'6E'	'00'	CLA 错
'93'	'03'	应用永久锁定

K.5.1.4　UPDATE RECORD 命令

1　命令描述

UPDATE RECORD 命令用给定的数据代替记录文件中指定的记录。

对线性记录文件,可按记录号顺序添加记录。

2 使用条件和安全

UPDATE RECORD 命令的执行应满足相应文件的改写条件和改写属性。

3 命令格式

UPDATE RECORD 命令报文格式见表 K-14。

表 K-14 UPDATE RECORD 命令报文格式

代　码	值
CLA	‘00’或‘04’
INS	‘DC’
P1	P1 =‘00’:表示当前记录,P1≠‘00’:指定的记录号
P2	见表 K-15
Lc	后续数据域长度
Data	输入数据
Le	不存在

UPDATE RECORD 命令引用控制参数见表 K-15。

表 K-15 UPDATE RECORD 命令引用控制参数

b8	b7	b6	b5	b4	b3	b2	b1	含义
x	x	x	x	x				SFI
					0	0	0	第一个记录
					0	0	1	最后一个记录
					0	1	0	下一个记录
					0	1	1	上一个记录
					1	0	0	记录号在 P1 中给出
其余值								RFU

4 命令报文数据域

命令报文数据域由更新原有记录的新记录组成。使用安全报文时,命令报文的数据域中应包括 MAC。MAC 是由卡片维护密钥或应用维护密钥对更新原有记录的新记录计算而得到的。

5 响应信息

响应信息中的状态码见表 K-16。

表 K-16 响应信息中的状态码

SW1	SW2	说　明
‘90’	‘00’	命令执行成功
‘65’	‘81’	写 EEPROM 失败
‘67’	‘00’	Lc 长度错误
‘69’	‘81’	当前文件不是记录文件
‘69’	‘82’	不满足安全状态

续表 K-16

SW1	SW2	说　明
‘69’	‘83’	认证密钥锁定
‘69’	‘84’	引用数据无效(未申请随机数)
‘69’	‘85’	使用条件不满足
‘69’	‘86’	未选择文件
‘69’	‘88’	安全信息(MAC 和加密)数据错误
‘6A’	‘81’	功能不支持
‘6A’	‘82’	未找到文件
‘6A’	‘83’	未找到记录
‘6A’	‘85’	Lc 与 TLV 结构不匹配
‘6A’	‘86’	P1、P2 参数错
‘6A’	‘88’	未找到密钥数据
‘6D’	‘00’	命令不存在
‘6E’	‘00’	CLA 错
‘93’	‘03’	应用永久锁定

K.5.1.5 READ BINARY 命令

1　命令描述

READ BINARY 命令用于读出透明文件的内容。

2　使用条件和安全

READ BINARY 命令的执行应满足访问文件的读权限和控制属性。

3　命令格式

READ BINARY 命令报文格式见表 K-17。

表 K-17　READ BINARY 命令报文格式

代码	数　值								
CLA	‘00’或‘04’								
INS	‘B0’								
P1	b8	b7	b6	b5	b4	b3	b2	b1	说明
	0	x	x	x	x	x	x	x	当前文件高位地址
	1	0	0	x	x	x	x	x	通过 SFI 方式访问
P2	若 P1 的 b8 = 0，P2 为文件的低位地址 若 P1 的 b8 = 1，P2 为文件地址								
Lc	1)不存在——明文方式 2)‘04’——校验方式								
DATA	1)不存在 2)MAC								
Le	期望返回的数据长度								

命令/响应格式见表 K-18。

表 K-18　命令/响应格式

CER	CIPH	命令	响应
0	0	00 B0 P1 P2 Le	明文数据 ‖ SW1 SW2
0	1	04 B0 P1 P2 Le	密文数据 ‖ SW1 SW2
1	0	04 B0 P1 P2 Lc MAC Le	明文数据 ‖ SW1 SW2
1	1	04 B0 P1 P2 Lc MAC Le	密文数据 ‖ SW1 SW2

4　响应信息

响应信息中的数据为明文或密文数据。

响应信息中的状态码见表 K-19。

表 K-19　响应信息中的状态码

SW1	SW2	说　明
‘90’	‘00’	命令执行成功
‘61’	‘xx’	还有 xx 字节需要返回
‘62’	‘81’	部分回送的数据可能有错
‘62’	‘82’	文件长度 < Le
‘65’	‘81’	写 EEPROM 失败
‘67’	‘00’	Lc 长度错误
‘69’	‘81’	当前文件不是透明文件
‘69’	‘82’	不满足安全状态
‘69’	‘83’	认证密钥锁定
‘69’	‘84’	引用数据无效(未申请随机数)
‘69’	‘85’	使用条件不满足
‘69’	‘86’	没有选择当前文件
‘69’	‘88’	安全信息(MAC 和加密)数据错误
‘6A’	‘81’	功能不支持
‘6A’	‘82’	未找到文件
‘6A’	‘86’	P1、P2 参数错
‘6A’	‘88’	未找到密钥数据
‘6B’	‘00’	起始地址超出范围
‘6C’	‘xx’	Le 长度错误,‘xx’表示实际长度
‘6D’	‘00’	命令不存在
‘6E’	‘00’	CLA 错
‘93’	‘03’	应用永久锁定

K.5.1.6　UPDATE BINARY 命令

1　命令描述

UPDATE BINARY 命令用于更新透明文件中的数据。

2　使用条件和安全

UPDATE BINARY 命令的执行应满足文件的访问权限和写控制属性。

3　命令格式

UPDATE BINARY 命令报文格式见表 K-20。

表 K-20　UPDATE BINARY 命令报文格式

<table>
<tr><td>代码</td><td colspan="9">数　值</td></tr>
<tr><td>CLA</td><td colspan="9">‘00’或‘04’</td></tr>
<tr><td>INS</td><td colspan="9">‘D6’</td></tr>
<tr><td rowspan="3">P1</td><td>b8</td><td>b7</td><td>b6</td><td>b5</td><td>b4</td><td>b3</td><td>b2</td><td>b1</td><td>说明</td></tr>
<tr><td>0</td><td>x</td><td>x</td><td>x</td><td>x</td><td>x</td><td>x</td><td>x</td><td>当前文件高位地址</td></tr>
<tr><td>1</td><td>0</td><td>0</td><td>x</td><td>x</td><td>x</td><td>x</td><td>x</td><td>通过 SFI 方式访问</td></tr>
<tr><td>P2</td><td colspan="9">若 P1 的 b8 = 0,P2 为文件的低位地址
若 P1 的 b8 = 1,P2 为文件地址</td></tr>
<tr><td>Lc</td><td colspan="9">DATA 域的长度:
明文方式:‘00’ < Lc≤‘FF’
加密方式:‘08’≤Lc≤‘48’(模 8)
校验方式:‘04’ < Lc≤‘44’
校验加密方式:‘0C’≤Lc≤‘4C’(模 8 +4)</td></tr>
<tr><td>DATA</td><td colspan="9">明文方式:明文数据
加密方式:密文数据
校验方式:明文数据 ‖ 校验码
校验加密方式:密文数据 ‖ 校验码</td></tr>
<tr><td>Le</td><td colspan="9">不存在</td></tr>
</table>

4　响应信息

响应信息中的状态码见表 K-21。

表 K-21　响应信息中的状态码

SW1	SW2	说　明
‘90’	‘00’	命令执行成功
‘65’	‘81’	写 EEPROM 失败
‘67’	‘00’	Lc 长度错误
‘69’	‘81’	当前文件不是透明文件
‘69’	‘82’	不满足安全状态
‘69’	‘83’	认证密钥锁定
‘69’	‘84’	引用数据无效(未申请随机数)
‘69’	‘85’	使用条件不满足
‘69’	‘86’	未选择文件

续表 K-21

SW1	SW2	说　明
‘69’	‘88’	安全信息(MAC 和加密)数据错误
‘6A’	‘81’	功能不支持
‘6A’	‘82’	未找到文件
‘6A’	‘86’	P1、P2 参数错
‘6A’	‘88’	未找到密钥数据
‘6B’	‘00’	起始地址超出范围
‘6D’	‘00’	命令不存在
‘6E’	‘00’	CLA 错
‘93’	‘03’	应用永久锁定

K.5.1.7 GET CHALLENGE 命令

1 命令描述

GET CHALLENGE 命令从 PSAM 卡中获取一组随机数,用于相关命令的安全认证。

2 使用条件和安全

GET CHALLENGE 命令无使用条件限制。

3 命令格式

GET CHALLENGE 命令报文格式见表 K-22。

表 K-22 GET CHALLENGE 命令报文格式

代　码	数　值
CLA	‘00’
INS	‘84’
P1	‘00’
P2	‘00’
Lc	不存在
DATA	不存在
Le	‘04’,‘08’或‘10’随机数长度

4 响应信息

响应信息中的状态码见表 K-23。

表 K-23 响应信息中的状态码

SW1	SW2	说　明
‘90’	‘00’	命令执行成功
‘67’	‘00’	Le 长度错误
‘6A’	‘81’	功能不支持
‘6A’	‘86’	P1、P2 参数错
‘6D’	‘00’	命令不存在
‘6E’	‘00’	CLA 错

K.5.1.8 GET RESPONSE 命令

1 命令描述

GET REPONSE 命令从 PSAM 卡中向接口设备传送 APDU 的数据。

2 使用条件和安全

GET REPONSE 命令无使用条件限制。

3 命令格式

GET RESPONSE 命令报文格式见表 K-24。

表 K-24 GET RESPONSE 命令报文格式

代码	数值
CLA	'00'
INS	'C0'
P1	'00'
P2	'00'
Lc	不存在
DATA	不存在
Le	响应的最大数据长度

4 响应信息

响应信息中的状态码见表 K-25。

表 K-25 响应信息中可能返回的状态码

SW1	SW2	说明
'90'	'00'	命令执行成功
'61'	'xx'	还有 xx 字节需要返回
'62'	'81'	回送数据可能有错
'67'	'00'	Lc 或 Le 长度错误
'6A'	'86'	P1、P2 参数错
'6C'	'xx'	长度错误，'xx'表示实际长度
'6D'	'00'	命令不存在
'6E'	'00'	CLA 错
'6F'	'00'	数据无效

K.5.2 扩展命令

K.5.2.1 APPLICATION UNBLOCK 命令

1 命令描述

APPLICATION UNBLOCK 命令用于恢复当前应用。当命令成功完成后，对应用访问的限制将被取消，利用消费密钥校验 MAC2 的错误计数器将被重置。

2　使用条件和安全

此命令只能在金融应用环境下执行。

APPLICATION UNBLOCK 命令执行前应执行 GET CHANLLENGE 命令取得 4 字节的随机数。

APPLICATION UNBLOCK 命令的执行采用校验模式。计算校验码使用的 KEY 为 ADF 文件中的 BLK-KID 密钥。执行此命令应满足 BLK-KID 密钥的访问权限。

如果应用解锁连续失败 3 次，卡将永久锁定此应用。

3　命令格式

APPLICATION UNBLOCK 命令报文格式见表 K-26。

表 K-26　APPLICATION UNBLOCK 命令报文格式

代　码	数　值
CLA	‘84’
INS	‘18’
P1	‘00’
P2	‘00’
Lc	‘04’
DATA	信息认证码(MAC)
Le	不存在

4　响应信息

响应信息中的状态码见表 K-27。

表 K-27　响应信息中的状态码

SW1	SW2	说　明
‘90’	‘00’	命令执行成功
‘62’	‘81’	回送数据出错
‘62’	‘83’	选择文件无效
‘64’	‘00’	状态标志位未变
‘65’	‘81’	写 EEPROM 失败
‘67’	‘00’	Lc 长度错误
‘69’	‘00’	无信息提供
‘69’	‘82’	不满足安全状态
‘69’	‘84’	引用数据无效(未申请随机数)
‘69’	‘85’	使用条件不满足
‘69’	‘88’	安全信息(MAC)数据错误
‘6A’	‘81’	功能不支持
‘6A’	‘86’	P1、P2 参数错
‘6A’	‘88’	未找到密钥数据
‘6D’	‘00’	命令不存在
‘6E’	‘00’	CLA 错
‘93’	‘03’	应用永久锁定

K.5.2.2 CIPHER DATA 命令

1 命令描述

CIPHER DATA 命令用于对输入数据进行安全计算，支持的安全计算包括：SM4 算法加解密、SM4 算法 MAC。SM4 加解密采用 ECB 模式，MAC 采用 CBC 模式。

2 使用条件和安全

CIPHER DATA 命令的执行应以 DELIVERY KEY 命令为前提条件，即该命令的上一条命令应是 DELIVERY KEY。该命令所使用的 KEY，固定为临时密钥寄存器中的 KEY。

本命令成功执行后，临时密钥寄存器中的 KEY 即刻失效。

3 命令格式

CIPHER DATA 命令见表 K-28。

表 K-28 CIPHER DATA 命令

代　　码	数　　值
CLA	‘80’
INS	‘FA’
P1	‘00’加密计算 ‘05’唯一一块 MAC 计算 ‘80’无后续块解密
P2	‘00’
Lc	SM4 算法：Lc 应是 16 的倍数
DATA	安全计算数据。 P1 =‘05’，则第一个数据块为 MAC 计算初始值(16 字节)； P1 =‘80’ 无后续块解密，该块的前 16 个字节为初始向量
Le	不存在

4 响应信息

响应信息中的状态码见表 K-29。

表 K-29 响应信息中可能的状态码

SW1	SW2	说　　明
‘90’	‘00’	命令执行成功
‘61’	‘xx’	还有 xx 字节需要返回
‘67’	‘00’	Lc 长度错误
‘69’	‘01’	Delivery Key 命令没有执行或无效
‘69’	‘85’	使用条件不满足
‘6A’	‘81’	功能不支持
‘6A’	‘86’	P1、P2 参数错
‘6D’	‘00’	命令不存在
‘6E’	‘00’	CLA 错
‘93’	‘03’	应用永久锁定

K.5.2.3 DELIVERY KEY 命令

1 命令描述

DELIVERY KEY 命令将指定的 KEY 分散至临时密钥寄存器中。该命令只支持分散 KEY，不产生过程 KEY。分散后的子 KEY 继承原始 KEY 的属性。

2 使用条件和安全

DELIVERY KEY 命令的执行应满足 KEY 的访问属性。

3 命令格式

DELIVERY KEY 命令报文格式见表 K-30。

表 K-30 DELIVERY KEY 命令报文格式

代码	数值
CLA	‘80’
INS	‘1A’
P1	密钥用途
P2	密钥标识
Lc	分散数据长度 ‘00’，分散级数为 0 时 ‘08’，分散级数为 1 时 ‘10’，分散级数为 2 时 ‘18’，分散级数为 3 时 其他值保留
DATA	Lc =‘00’不存在 分散因子
Le	不存在

4 响应信息

响应信息中的状态码见表 K-31。

表 K-31 响应信息中的状态码

SW1	SW2	说明
‘90’	‘00’	命令执行成功
‘67’	‘00’	Lc 长度错误
‘69’	‘82’	不满足安全状态
‘69’	‘83’	认证密钥锁定
‘69’	‘85’	使用条件不满足
‘6A’	‘81’	功能不支持
‘6A’	‘86’	P1、P2 参数错
‘6A’	‘88’	未找到密钥数据
‘6D’	‘00’	命令不存在
‘6E’	‘00’	CLA 错
‘93’	‘03’	应用永久锁定

K.5.2.4　WRITE KEY 命令

1　命令描述

WRITE KEY 命令装载或更新 PSAM 卡中的计算密钥。

2　使用条件和安全

执行 WRITE KEY 命令前,先要执行 GET CHANLLEGE 命令。WRITE KEY 命令数据域中的密钥信息内容:

密钥用途　　　1 字节

密钥版本　　　1 字节

密钥算法标识　1 字节

密钥值　　　　8 字节或 16 字节

3　命令格式

WRITE KEY 命令报文格式见表 K-32。

表 K-32　WRITE KEY 命令报文格式

代　码	值
CLA	'84'
INS	'D4'
P1	'00'
P2	'00'
Lc	'24'(SM4)
Data	密文密钥信息 ‖ MAC
Le	不存在

4　响应信息

响应信息中的状态码见表 K-33。

表 K-33　响应信息中的状态码

SW1	SW2	含　义
'90'	'00'	命令执行成功
'65'	'81'	内存失败
'67'	'00'	Lc 长度错
'69'	'83'	认证密钥锁定
'69'	'84'	引用数据无效(未取随机数)
'69'	'85'	使用条件不满足(应用非永久锁定)
'69'	'88'	安全报文数据项不正确
'6A'	'80'	数据域参数不正确
'6A'	'81'	功能不支持(卡锁定)
'6A'	'86'	P1、P2 参数错
'6A'	'88'	未找到密钥参数
'6D'	'00'	命令不存在
'6E'	'00'	CLA 错
'93'	'03'	应用永久锁定

K.5.2.5 SET ALGORITHM 命令

1 命令描述

该命令实现设置密钥算法功能。

默认的密钥算法为 00。

选择密钥算法或设定默认密钥算法后，如命令不能对使用的密钥及算法进行指定时（如写二进制文件命令、应用锁定解锁命令等），COS 自动使用此命令设定的密钥算法或默认密钥算法。

2 使用条件和安全

执行 SET ALGORITHM 命令无使用条件限制。

指令设置算法的有效作用域为当前应用，新选择应用或下电，恢复默认密钥算法。INIT SAM FOR PURCHASE、CREDIT SAM FOR PURCHASE、CIPHER DATA、DELIVERY KEY、WRITE KEY 指令不受该指定算法标识影响。

3 命令格式

SET ALGORITHM 命令报文格式见表 K-34。

表 K-34 SET ALGORITHM 命令报文格式

代 码	值
CLA	‘80’
INS	‘FE’
P1	‘00’读取当前密钥算法 ‘01’选择 P2 指定的密钥算法 ‘02’设置 P2 指定的密钥算法为默认算法
P2	P1 = ‘00’时为 0x00 密钥算法，‘04’ = SM4
Lc	不存在
Data	不存在
Le	P1 = ‘00’时为 0x00 或 0x01，响应报文数据域返回当前密钥算法（当未选择当前密钥组时返回默认密钥组，否则为当前密钥组）。 其他情况下为 0x00

4 响应信息

响应信息中的状态码见表 K-35。

表 K-35 响应信息中的状态码

SW1	SW2	含 义
‘90’	‘00’	命令执行成功
‘65’	‘81’	内存失败
‘6A’	‘86’	P1、P2 参数错

续表 K-35

SW1	SW2	含　　义
‘6D’	‘00’	命令不存在
‘6E’	‘00’	CLA 错
‘93’	‘03’	应用永久锁定

附录 L　OBE-SAM 中 EF04 文件和非现金支付卡 0009 文件的数据结构和定义

本附录给出两种 OBE-SAM 中 EF04 和非现金支付卡 0009 文件的数据结构和定义，仅供各省(区、市)参考。

L.1　路径信息连续存储格式

路径信息连续存储方式见表 L-1。

表 L-1　EF04 和 0009 文件数据结构和定义 1

<table>
<tr><td colspan="3">文件标识</td><td>‘0009’和‘EF04’</td></tr>
<tr><td colspan="3">文件类型</td><td>二进制文件</td></tr>
<tr><td colspan="3">文件大小</td><td>512 字节</td></tr>
<tr><td colspan="3">读取:自由</td><td>写入:自由</td></tr>
<tr><td>字节</td><td>数据元</td><td>长度(字节)</td><td>内容</td></tr>
<tr><td>1</td><td>最近写入的行政区域编码</td><td>1</td><td>路方所在省级行政区划代码,按照 GB/T 2260 编码,如北京市,编码为 0x11</td></tr>
<tr><td>2</td><td>最近写入的标识点指针 P</td><td>1</td><td>标识点系统根据该指针计算写入标识点信息位置,十六进制编码,置 0 表示无标识站信息</td></tr>
<tr><td>3 ~ 8</td><td>最近写入的标识点信息</td><td>6</td><td>2 字节标识站编码(1 字节路段编码和 1 字节标识站号组成) + 4 字节时间戳(UNIX 时间,起始:1970 年 1 月 1 日 0 时 0 分 0 秒)</td></tr>
<tr><td>9 ~ 104</td><td>第 1 帧标识点信息</td><td>96</td><td rowspan="4">按标识顺序由前到后循环存储标识点信息,每个 6 字节,其中前 2 字节为标识点编码,后 4 字节为该标识点时间戳,格式同 3 ~ 8 字节,最多存储 62 个。
当参数 Spare 为 0 时,使用 9 ~ 104 字节循环存储 16 个标识点;当参数 Spare 为 1 时,使用 9 ~ 206 字节循环存储 33 个标识点;当参数 Spare 为 2 时,使用 9 ~ 308 字节循环存储 50 个标识点;当参数 Spare 为 3 时,使用 9 ~ 380 字节循环存储 62 个标识点</td></tr>
<tr><td>105 ~ 206</td><td>第 2 帧标识点信息</td><td>102</td></tr>
<tr><td>207 ~ 308</td><td>第 3 帧标识点信息</td><td>102</td></tr>
<tr><td>309 ~ 380</td><td>第 4 帧标识点信息</td><td>72</td></tr>
<tr><td>381 ~ 512</td><td>保留</td><td>132</td><td>写为 0xFF</td></tr>
</table>

注:控制参数 Spare,由省中心作为系统运行参数设置并下发至省内各级收费系统。Spare = 0xxx00 时,供传输 104 (1 + 1 + 6 + 96)字节只需 1 帧通信,可记录 16 个标识点,满足现有路网需要;待未来路网复杂度增加,可通过 Spare 调整进行扩展。

L.2 路径信息分段存储格式

路径信息分段存储方式见表 L-2。

表 L-2 EF04 和 0009 文件数据结构和定义 2

文件标识			'0009'和'EF04'
文件类型			二进制文件
文件大小			512 字节
读取:自由			写入:自由
字节	数据元	长度(字节)	内容
1	省级行政区划代码	1	路方所在省级行政区划代码,按照 GB/T 2260 编码,如北京市,编码为 0x11
2	标识点数量	1	已经写入的标识点数量(16 进制),0x00 ~ 0x32
3	最后通过的车道类型	1	最后通过的车道类型(0-ETC 入口,1-ETC 出口,2-MTC 入口,3-MTC 出口)
4 ~ 7	最后一次通过车道的时间	4	最后一次通过车道的时间(UNIX 时间)
8 ~ 9	已经写入的最新标识点编码	2	已经写入的最新标识点编码
10 ~ 109	标识点编码	100	第 10 字节开始按序记录标识点编码,共 50 个
110 ~ 309	标识时间	200	第 110 字节开始按序记录标识时间(UNIX 时间),共 50 个,与标识点编码相对应
310 ~ 512	保留	203	写为 0xFF

附加说明

《收费公路联网收费多义性路径识别技术要求》编写组

主 编 单 位：交通运输部公路科学研究院
交通运输部路网监测与应急处置中心

参 编 单 位：浙江省公路管理局、广东联合电子服务股份有限公司、江苏高速公路联网营运管理中心、四川省交通运输厅高速公路监控结算中心、江西省高速公路联网管理中心、河南省高速公路联网监控收费通信服务有限公司、天津市高速公路管理处、深圳成谷科技有限公司、北京聚利科技股份有限公司、深圳市金溢科技股份有限公司、北京万集科技股份有限公司

主要编写人员：刘鸿伟 陈丙勋 杨 蕴 江运志 王 刚 金文彪 李 剑
陈 喆 李 斌 汪志华 张玉军 孙兴焕 肖 迪 戴 元
王 棚 梅新明 陈 聪 何耀忠 何 山 张 洋 卢立阳
黄兴中 郭艳梅 韩 彬 张 毅 薛 文 余续金 许 俊
袁 飞 李军锋 李友良 翟 泽 于 海 吴青峰 桂 杰
秦建良 庞绍铭 林树亮 房颜明 赵昱阳

本技术要求的编写，得到了北京、天津、河北、山西、江苏、浙江、安徽、福建、吉林、河南、广东、云南、甘肃、青海、宁夏、新疆等省（自治区、直辖市）交通运输主管部门的大力支持和帮助，在此一并表示感谢！

公路工程现行标准、规范、规程、指南一览表

（2015 年 9 月版）

序号	类别		编　　号	书名(书号)	定价(元)
1	基础		JTG A02—2013	公路工程行业标准制修订管理导则(10544)	15.00
2			JTG A04—2013	公路工程标准编写导则(10538)	20.00
3			JTJ 002—87	公路工程名词术语(0346)	22.00
4			JTJ 003—86	公路自然区划标准(0348)	16.00
5			JTG B01—2014	公路工程技术标准(活页夹版,11814)	98.00
6			JTG B01—2014	公路工程技术标准(平装版,11829)	68.00
7			JTG B02—2013	公路工程抗震规范(11120)	45.00
8			JTG/T B02-01—2008	公路桥梁抗震设计细则(1228)	35.00
9			JTG B03—2006	公路建设项目环境影响评价规范(0927)	26.00
10			JTG B04—2010	公路环境保护设计规范(08473)	28.00
11			JTG/T B05—2004	公路项目安全性评价指南(0784)	18.00
12			JTG B05-01—2013	公路护栏安全性能评价标准(10992)	30.00
13			JTG B06—2007	公路工程基本建设项目概算预算编制办法(06903)	26.00
14			JTG/T B06-01—2007	★公路工程概算定额(06901)	110.00
15			JTG/T B06-02—2007	★公路工程预算定额(06902)	138.00
16			JTG/T B06-03—2007	★公路工程机械台班费用定额(06900)	24.00
17			交通部定额站 2009 版	公路工程施工定额(07864)	78.00
18			JTG/T B07-01—2006	公路工程混凝土结构防腐蚀技术规范(0973)	16.00
19			交通部 2007 年第 30 号	国家高速公路网相关标志更换工作实施技术指南(1124)	58.00
20			交通部 2007 年第 35 号	收费公路联网收费技术要求(1126)	62.00
21			交通运输部 2015 年第 40 号	收费公路联网收费多义性路径识别技术要求(12484)	40.00
22			JTG B10-01—2014	公路电子不停车收费联网运营和服务规范(11566)	30.00
23			交通运输部 2011 年	公路工程项目建设用地指标(09402)	36.00
24	勘测		JTG C10—2007	★公路勘测规范(06570)	28.00
25			JTG/T C10—2007	★公路勘测细则(06572)	42.00
26			JTG C20—2011	公路工程地质勘察规范(09507)	65.00
27			JTG/T C21-01—2005	公路工程地质遥感勘察规范(0839)	17.00
28			JTG/T C21-02—2014	公路工程卫星图像测绘技术规程(11540)	25.00
29			JTG/T C22—2009	公路工程物探规程(1311)	28.00
30			JTG C30—2015	公路工程水文勘测设计规范(12063)	70.00
31	设计	公路	JTG D20—2006	★公路路线设计规范(0996)	38.00
32			JTG/T D21—2014	公路立体交叉设计细则(11761)	60.00
33			JTG D30—2015	公路路基设计规范(12147)	98.00
34			JTG/T D31—2008	沙漠地区公路设计与施工指南(1206)	32.00
35			JTG/T D31-02—2013	公路软土地基路堤设计与施工技术细则(10449)	40.00
36			JTG/T D31-03—2011	★采空区公路设计与施工技术细则(09181)	40.00
37			JTG/T D31-04—2012	多年冻土地区公路设计与施工技术细则(10260)	40.00
38			JTG/T D32—2012	公路土工合成材料应用技术规范(09908)	42.00
39			JTG D40—2011	★公路水泥混凝土路面设计规范(09463)	40.00
40			JTG D50—2006	★公路沥青路面设计规范(06248)	36.00
41			JTG/T D33—2012	公路排水设计规范(10337)	40.00
42		桥隧	JTG D60—2004	公路桥涵设计通用规范(05068)	24.00
43			JTG/T D60-01—2004	公路桥梁抗风设计规范(0814)	28.00
44			JTG D61—2005	公路圬工桥涵设计规范(0887)	19.00
45			JTG D62—2004	公路钢筋混凝土及预应力混凝土桥涵设计规范(05052)	48.00
46			JTG D63—2007	公路桥涵地基与基础设计规范(06892)	48.00
47			JTJ 025—86	公路桥涵钢结构及木结构设计规范(0176)	20.00
48			JTG/T D65-01—2007	公路斜拉桥设计细则(1125)	28.00
49			JTG/T D65-04—2007	公路涵洞设计细则(06628)	26.00
50			JTG D70—2004	公路隧道设计规范(05180)	50.00
51			JTG/T D70—2010	★公路隧道设计细则(08478)	66.00
52			JTG D70/2—2014	公路隧道设计规范　第二册　交通工程与附属设施(11543)	50.00
53			JTG/T D70/2-01—2014	公路隧道照明设计细则(11541)	35.00
54			JTG/T D70/2-02—2014	公路隧道通风设计细则(11546)	70.00
55		交通工程	JTG D80—2006	高速公路交通工程及沿线设施设计通用规范(0998)	25.00
56			JTG D81—2006	★公路交通安全设施设计规范(0977)	25.00
57			JTG/T D81—2006	★公路交通安全设施设计细则(0997)	35.00
58			JTG D82—2009	公路交通标志和标线设置规范(07947)	116.00

续上表

<table>
<tr><th>序号</th><th colspan="2">类别</th><th>编　　号</th><th>书名(书号)</th><th>定价(元)</th></tr>
<tr><td>59</td><td rowspan="3">设计</td><td rowspan="3">综合</td><td>交公路发〔2007〕358 号</td><td>公路工程基本建设项目设计文件编制办法(06746)</td><td>26.00</td></tr>
<tr><td>60</td><td>交公路发〔2007〕358 号</td><td>公路工程基本建设项目设计文件图表示例(06770)</td><td>600.00</td></tr>
<tr><td>61</td><td>交公路发〔2015〕69 号</td><td>公路工程特殊结构桥梁项目设计文件编制办法(12455)</td><td>30.00</td></tr>
<tr><td>62</td><td colspan="2" rowspan="9">检测</td><td>JTG E20—2011</td><td>公路工程沥青及沥青混合料试验规程(09468)</td><td>106.00</td></tr>
<tr><td>63</td><td>JTG E30—2005</td><td>公路工程水泥及水泥混凝土试验规程(0830)</td><td>32.00</td></tr>
<tr><td>64</td><td>JTG E40—2007</td><td>★公路土工试验规程(06794)</td><td>79.00</td></tr>
<tr><td>65</td><td>JTG E41—2005</td><td>公路工程岩石试验规程(0828)</td><td>18.00</td></tr>
<tr><td>66</td><td>JTG E42—2005</td><td>公路工程集料试验规程(0829)</td><td>30.00</td></tr>
<tr><td>67</td><td>JTG E50—2006</td><td>★公路工程土工合成材料试验规程(0982)</td><td>28.00</td></tr>
<tr><td>68</td><td>JTG E51—2009</td><td>公路工程无机结合料稳定材料试验规程(08046)</td><td>48.00</td></tr>
<tr><td>69</td><td>JTG E60—2008</td><td>公路路基路面现场测试规程(07296)</td><td>38.00</td></tr>
<tr><td>70</td><td>JTG/T E61—2014</td><td>公路路面技术状况自动化检测规程(11830)</td><td>25.00</td></tr>
<tr><td>71</td><td rowspan="12">施工</td><td rowspan="6">公路</td><td>JTG F10—2006</td><td>公路路基施工技术规范(06221)</td><td>40.00</td></tr>
<tr><td>72</td><td>JTG/T F20—2015</td><td>公路路面基层施工技术细则(12367)</td><td>45.00</td></tr>
<tr><td>73</td><td>JTG/T F30—2014</td><td>公路水泥混凝土路面施工技术细则(11244)</td><td>60.00</td></tr>
<tr><td>74</td><td>JTG/T F31—2014</td><td>公路水泥混凝土路面再生利用技术细则(11360)</td><td>30.00</td></tr>
<tr><td>75</td><td>JTG F40—2004</td><td>公路沥青路面施工技术规范(05328)</td><td>38.00</td></tr>
<tr><td>76</td><td>JTG F41—2008</td><td>公路沥青路面再生技术规范(07105)</td><td>25.00</td></tr>
<tr><td>77</td><td rowspan="4">桥隧</td><td>JTG/T F50—2011</td><td>★公路桥涵施工技术规范(09224)</td><td>110.00</td></tr>
<tr><td>78</td><td>JTG/T F81-01—2004</td><td>公路工程基桩动测技术规程(0783)</td><td>20.00</td></tr>
<tr><td>79</td><td>JTG F60—2009</td><td>公路隧道施工技术规范(07992)</td><td>42.00</td></tr>
<tr><td>80</td><td>JTG/T F60—2009</td><td>公路隧道施工技术细则(07991)</td><td>58.00</td></tr>
<tr><td>81</td><td rowspan="2">交通</td><td>JTG F71—2006</td><td>★公路交通安全设施施工技术规范(0976)</td><td>20.00</td></tr>
<tr><td>82</td><td>JTG/T F72—2011</td><td>公路隧道交通工程与附属设施施工技术规范(09509)</td><td>35.00</td></tr>
<tr><td>83</td><td colspan="2" rowspan="4">质检安全</td><td>JTG F80/1—2004</td><td>公路工程质量检验评定标准　第一册　土建工程(05327)</td><td>46.00</td></tr>
<tr><td>84</td><td>JTG F80/2—2004</td><td>公路工程质量检验评定标准　第二册　机电工程(05325)</td><td>26.00</td></tr>
<tr><td>85</td><td>JTG G10—2006</td><td>公路工程施工监理规范(06267)</td><td>20.00</td></tr>
<tr><td>86</td><td>JTG F90—2015</td><td>公路工程施工安全技术规范(12138)</td><td>68.00</td></tr>
<tr><td>87</td><td colspan="2" rowspan="9">养护管理</td><td>JTG H10—2009</td><td>公路养护技术规范(08071)</td><td>49.00</td></tr>
<tr><td>88</td><td>JTJ 073.1—2001</td><td>公路水泥混凝土路面养护技术规范(0520)</td><td>12.00</td></tr>
<tr><td>89</td><td>JTJ 073.2—2001</td><td>公路沥青路面养护技术规范(0551)</td><td>13.00</td></tr>
<tr><td>90</td><td>JTG H11—2004</td><td>公路桥涵养护规范(05025)</td><td>30.00</td></tr>
<tr><td>91</td><td>JTG H12—2015</td><td>公路隧道养护技术规范(12062)</td><td>60.00</td></tr>
<tr><td>92</td><td>JTG H20—2007</td><td>公路技术状况评定标准(1140)</td><td>15.00</td></tr>
<tr><td>93</td><td>JTG/T H21—2011</td><td>★公路桥梁技术状况评定标准(09324)</td><td>46.00</td></tr>
<tr><td>94</td><td>JTG H30—2015</td><td>公路养护安全作业规程(12234)</td><td>90.00</td></tr>
<tr><td>95</td><td>JTG H40—2002</td><td>公路养护工程预算编制导则(0641)</td><td>9.00</td></tr>
<tr><td>96</td><td colspan="2" rowspan="3">加固设计与施工</td><td>JTG/T J21—2011</td><td>公路桥梁承载能力检测评定规程(09480)</td><td>20.00</td></tr>
<tr><td>97</td><td>JTG/T J22—2008</td><td>公路桥梁加固设计规范(07380)</td><td>52.00</td></tr>
<tr><td>98</td><td>JTG/T J23—2008</td><td>公路桥梁加固施工技术规范(07378)</td><td>30.00</td></tr>
<tr><td>99</td><td colspan="2" rowspan="2">改扩建</td><td>JTG/T L11—2014</td><td>高速公路改扩建设计细则(11998)</td><td>45.00</td></tr>
<tr><td>100</td><td>JTG/T L80—2014</td><td>高速公路改扩建交通工程及沿线设施设计细则(11999)</td><td>30.00</td></tr>
<tr><td>101</td><td colspan="2" rowspan="2">造价</td><td>JTG M20—2011</td><td>公路工程基本建设项目投资估算编制办法(09557)</td><td>30.00</td></tr>
<tr><td>102</td><td>JTG/T M21—2011</td><td>公路工程估算指标(09531)</td><td>110.00</td></tr>
<tr><td>1</td><td colspan="2" rowspan="4">技术指南</td><td>交公便字〔2006〕02 号</td><td>公路工程水泥混凝土外加剂与掺合料应用技术指南(0925)</td><td>50.00</td></tr>
<tr><td>2</td><td>交公便字〔2006〕02 号</td><td>公路工程抗冻设计与施工技术指南(0926)</td><td>26.00</td></tr>
<tr><td>3</td><td>厅公路字〔2006〕418 号</td><td>公路安全保障工程实施技术指南(1034)</td><td>40.00</td></tr>
<tr><td>4</td><td>交公便字〔2009〕145 号</td><td>公路交通标志和标线设置手册(07990)</td><td>165.00</td></tr>
</table>

注：JTG——公路工程行业标准体系；JTG/T——公路工程行业推荐性标准体系；JTJ——仍在执行的公路工程原行业标准体系。